NHK
おとなの基礎英語
Season 1
使う場面が絵でわかる！
英会話100フレーズ

Message

中学校英語をマスターできれば会話力がアップ

　NHKテレビ『おとなの基礎英語』のフレーズブックをお届けします。

　本書で取り上げた100のフレーズは、すべてPhrase of the Dayとして番組で取り上げたものです。各フレーズについて、番組中のミニドラマのどのような状況で使われたのかを絵とともに説明してありますので、放映された場面を思い出しながら学習してください。

　番組を見逃したという方には、『NHKテレビ DVD BOOK おとなの基礎英語シンガポール 香港 タイ』（主婦の友社）を併用することをおすすめします。

　100のフレーズは、ほぼすべて中学校英語レベルのものですが、おとなが会話でよく使うものから「言葉の働き（機能）」を考慮して選んであります。どのような状況でどのようなことを言いたい時に使うのかを把握して覚えると、実際の場面で使えるようになるはずです。

　通勤・通学途中の学習に、あるいは海外旅行の際に携行して活用していただければ幸いです。

松本 茂
Shigeru Matsumoto

マサチューセッツ大学ディベート・コーチ、神田外語大学助教授、東海大学教授を経て、立教大学経営学部国際経営学科教授、同学科バイリンガル・ビジネスリーダー・プログラム（BBL）主査。専門はコミュニケーション教育学。NHKのテレビ、ラジオで、英語番組を長年にわたり担当。主な著作に『英会話が上手になる英文法』（NHK出版）、『速読速聴・英単語』（Z会）、『英語ディベート 理論と実践』（玉川大学出版部）、中学英語検定教科書『ONE WORLD』（教育出版・代表著者）などがある。

日常会話が盛りだくさん!

ジェイソン・ハンコック
Jason Hancock

2000年アメリカから来日。2001年「外国人による日本語弁論大会」で外務大臣賞受賞。NHKテレビ『おとなの基礎英語』出演の他、舞台、テレビ番組で活躍。

When I talk to Amy or Matsumoto Sensei, 英語と日本語を混ぜて話しています。Bilingual である楽しさは言葉選びが倍になることです。この本には many many phrases が紹介されています。フレーズを少し変えるだけで使い方が広がる楽しさがわかってもらえると happy です！ 少しでも everyday life で使うと、英語が improve しますよ！ Enjoy this book! 皆さんの英語の勉強を応援していまーす！ You can do it!

これまで使ってきたフレーズをご紹介します

Hello！ NHKテレビ『おとなの基礎英語』のエイミーです。本書をご覧になっている皆さん、ありがとうございます！ 私もオトキソのドラマに毎回夢中になっているんですよ。いろんなアドベンチャーに、いつもワクワク、ドキドキしながら楽しく見ています！ 次回が待ち遠しくなりますよね!! この本では、私が普段、実際に使っているフレーズを皆さんに、たくさん紹介しますよ。ぜひフル活用してくださいね！

Best wishes, Amy

太田エイミー
Amy Ota

日本語・英語・フランス語が堪能。テレビ番組『Meet & Speak』(NHK World)、『International Flash』(スペースシャワーTV)、『コスモ ポップス ベスト 10』(東京FM) などに出演。

How To Use This Book

この本の構成と使い方

NHKテレビ『おとなの基礎英語』は、さまざまな状況で使えるフレーズを毎回一つずつ取り上げ、「どう使うのか」「そのフレーズで何ができるのか」などを紹介します。本書は、そのフレーズが登場する場面をイラストで見せ、フレーズの解説や類似・関連表現、応用例を中心に構成しています。

フレーズナンバー

本書で取り上げるキーフレーズを1から100までの通しナンバーで示します。

キーフレーズ

その回で紹介する大切なフレーズです。旅先だけでなく、さまざまな状況で役立つフレーズを取り上げます。

このフレーズを使うシーン説明

主人公の美佳が海外を旅するストーリーから、キーフレーズを使う場面を、イラストとキャプションで説明します。なお、ストーリーは本書掲載にあたり、一部変更しており、番組の内容と異なることがあります。

1

Where can I catch a taxi?

タクシーはどこでつかまえられますか?

初めてシンガポールを訪れた美佳。空港の到着ロビーで周囲の人にまず聞いたことは…

松本 茂 先生の ONE POINT LESSON

海外旅行をすると、タクシーを利用することがあるでしょう。タクシーをどこで拾えるのか知りたい時は Where can I catch a taxi? と聞けば大丈夫。catch 以外に find や get なども使えます。take a taxi という表現もよく耳にしますが、こちらは拾うということより、乗るということに意識が向いています。例えば、I'll take a taxi to my hotel. は「ホテルまでタクシーに乗っていきます」という意味です。Where can I の後にさまざまな動詞を入れることで表現の幅が広がります。

014

松本 茂 先生の ONE POINT LESSON

キーフレーズ解説

基礎英語データベースからの類似表現

過去のNHK「基礎英語」で取り上げられた会話から、キーフレーズに似た表現や、同じような使い方をするフレーズを紹介します。なお、フレーズと日本語訳は本書掲載にあたり、一部変更している場合があります。

↪ スーパーでゴミ袋が見つからない時

Where can I get garbage bags?

ゴミ袋はどこで手に入るの?

↪ お土産にネイルアートキットを買って帰りたいんだけど…

Where can I buy a nail art kit?

ネイルアートキットはどこで買えるの?

↪ クリスマスの風景を探して

Where can I see Christmas lights around here?

この辺りでクリスマスのイルミネーションが楽しめるのはどこ?

↪ ショッピングに便利な場所で待ち合わせをしたい

Where can we meet you?

どこで待ち合わせたら良いかな?

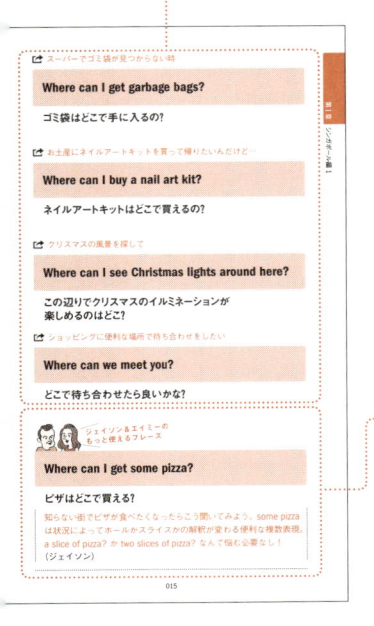

ジェイソン&エイミーの もっと使えるフレーズ

Where can I get some pizza?

ピザはどこで買える?

知らない街でピザが食べたくなったらこう聞いてみよう。some pizza は状況によってホールかスライスかの解釈が変わる便利な複数表現。a slice of pizza? か two slices of pizza? なんて悩む必要なし!
(ジェイソン)

応用類似表現

番組出演者のジェイソンさんとエイミーさんが、生活の中で感じたり気づいたりしたことを織り交ぜながら、生きた英語のフレーズを紹介します。

松本 茂先生が、キーフレーズそのものと、類似・関連表現、応用例などを解説します。実際の会話の中でどのように使うと効果的なのか、という点も紹介します。

Contents 目次

メッセージ	002
この本の構成と使い方	004

第1章
シンガポール編 1

空港からホテルまで一人で行ける

1 Where can I catch a taxi?
タクシーはどこでつかまえられますか? 014

2 How long will it take to the hotel?
ホテルには、どのくらいでつきますか? 016

3 I want to change Japanese yen to Singapore dollars.
日本円をシンガポールドルに両替したいんですが。 018

4 Could you tell me the way to this hotel?
このホテルへの行き方を教えていただけますか? 020

屋台で食べたいものを注文できる

5 Where can I get something to eat?
何か食べたいんですが、どこに行けば良いですかね? 022

6 That looks very good!
とてもおいしそうですね! 024

7 What do you mean?
どういう意味ですか? 026

8 Is this seat taken?
ここ、誰か座ってます? 028

現地の人との会話を楽しめる

9 I'm not in the picture.
私が写ってないんですけど。 030

10 What about you?
あなたは? 032

11 What do you recommend?
おすすめは? 034

12 It was nice talking to you.
お話できて楽しかったわ。 036

値切りながら買い物を楽しめる

13 Where are you taking me today?
今日はどこへ連れてってくれるの? 038

14 I've made up my mind.
決めたわ。 040

15 Just joking.
冗談よ。 042

16 Could you give me a discount?
安くしてもらえませんか? 044

第2章
シンガポール編 2

異文化体験を楽しめる

17 I feel like I'm in a different country again.
また別の国にいるような感じがするわ。　048

18 This is my first time to see a mosque.
モスクを見るのは初めてだわ。　050

19 No, that's all right.
いいえ、遠慮しとくわ。　052

20 Just relax and have some fun!
落ちついて、楽しむのよ!　054

知り合いのうちを訪問して楽しいひとときを過ごせる

21 Should I take off my shoes?
靴は脱いだ方が良いの?　056

22 Something smells really good.
なんか、すごく良い匂いがするわね。　058

23 Show me how to do it.
どうやるのか、お手本を見せて。　060

24 I'm sorry I couldn't finish it.
残してごめんなさい。　062

友達にお礼のプレゼントを買える

25 I have to leave for Hong Kong tomorrow for my sister.
姉のために明日、香港に行かなくちゃならないの。　064

26 I need to book a flight to Hong Kong tomorrow morning.
香港行きの明日の朝の便を、予約しないといけないんですが。　066

27 I just called to say thank you and goodbye.
お礼とお別れを言おうと思って、ちょっと電話したの。　068

28 I want to give her a "thank you" present.
お礼の品をあげたいんです。　070

おしゃれなレストランで友達と食事を楽しめる

29 I reserved a table at a nice, cozy restaurant for us!
落ちつけて、すてきなレストランを予約してあるの!　072

30 I'll really miss you.
あなたに会えなくてすごく寂しくなるわ。　074

31 Let's have a toast.
さあ、乾杯しましょう。　076

32 Would you like to join us?
ご一緒にいかがですか?　078

第 3 章
香港編 1

事情をきちんと説明できる

33 Do you know where she is?
彼女がどこにいるか知りませんか？ 082

34 There must be some kind of mistake.
何かの間違いです。 084

35 I was supposed to pick up her key here.
ここで鍵を受け取るはずだったんですが。 086

36 Can I call you ... if anything comes up?
電話しても良いですか…何かあったら。 088

故障した物を修理してもらえる

37 I have a big problem.
大変なんですよ。 090

38 I know you're busy, but I need your help.
お忙しいところ申し訳ないんですが、手を貸してもらいたいんです。 092

39 The handle came off.
取っ手が取れちゃったの。 094

40 Thank you so much for fixing my faucet.
蛇口を直してくれてどうもありがとう。 096

情報を集めて居所をつきとめられる

41 What if she doesn't?
もし（戻って）こなかったらどうするの？ 098

42 Which way did she go?
どっちへ行きました？ 100

43 I have no idea.
さっぱりわからないわ。 102

44 Aren't you forgetting something?
何か忘れていない？ 104

見物したり、レッスンを受けたりできる

45 I'll check it out.
自分の目で確かめてみます。 106

46 I was just looking around.
ただちょっと見て回っていたところです。 108

47 It's an honor to meet you.
お会いできて光栄です。 110

48 I think I'm starting to get the feel of it.
コツがつかめてきたようです。 112

Contents

第4章
香港編2

一人で街歩きを楽しめる

49 How do you say "it feels good" in Chinese?
「気持ち良い」って、中国語でどう言うんですか? 116
50 A little stronger, please.
もう少し強くしてください。 118
51 Who is the best fortune-teller here?
ここで一番の占い師は誰ですか? 120
52 I've always wanted to try it.
一度やってみたかったの。 122

食事を楽しみながら親しくなれる

53 It's on me.
ごちそうするわ。 124
54 What's inside?
何が入ってるの? 126
55 That was the best yum cha I've ever had.
今までで一番おいしい飲茶だったわ。 128
56 It was much cheaper than I thought.
思っていたより、ずっと安かったわ。 130

体調の異変に対応できる

57 I have a stomachache.
お腹が痛いの。 132
58 I hate needles!
注射が大嫌いなの! 134
59 I feel much better now!
すごく気分がよくなったわ! 136
60 How many times a day should I take it?
1日何回飲めば良いんですか? 138

デートを楽しめる

61 I'm going on a date!
デートなの! 140
62 Move a little to your left.
あなたの左にちょっと動いて。 142
63 That's why I took this long vacation.
それで長期休暇を取ったってわけ。 144
64 It's such a big decision to make.
あまりにも大きな決断だわ。 146

第5章

タイ編1

旅先から手紙を出せる

65 I'm writing to you from Bangkok, Thailand.
タイのバンコクからお便りしています。 150

66 Do you have some glue I can borrow?
のりをお借りできますか？ 152

67 Where can I mail this letter?
この手紙はどこで出せますか？ 154

68 Is it okay to put it in here?
ここに入れても大丈夫ですか？ 156

知りたい場所について尋ねられる

69 At which station should I get off?
どの駅で降りれば良いかしら？ 158

70 Where are we on this map?
ここって、この地図でいうとどこですか？ 160

71 This must be the place you're looking for.
探しているのはここに違いないわ。 162

72 Where in Bangkok are you staying?
バンコクのどこに泊まってるの？ 164

旅先で知り合った人と観光ができる

73 What is it like to be a backpacker?
バックパッカーってどういう感じなの？ 166

74 Do you mind?
良いかな？ 168

75 Are we allowed to take pictures here?
ここで写真を撮っても大丈夫なのかしら？ 170

76 I know exactly what you need.
あなたにぴったりのものを知っているわ。 172

連絡を取って初対面の人と会うことができる

77 Call her at this number.
彼女のこの番号に電話して。 174

78 Where shall we meet?
どこで待ち合わせますか？ 176

79 I thought you were someone else.
人違いでした。 178

80 What do you do?
どんな仕事をしているの？ 180

ボランティア体験ができる

81 I was so excited that I couldn't sleep last night.
興奮しすぎて、ゆうべは眠れなかったの。 182

82 I can't wait to meet the elephants.
象に会うのが待ちきれないんです。 184

83 If you don't trust her, she won't trust you, either.
彼女を信頼しないと、彼女にも信頼してもらえないのよ。 186

84 I think I've learned a lot.
とても勉強になったわ。 188

Contents

第6章
タイ編2

会話を続け、深められる

85 I used to do this exercise every morning.
私、この運動を毎朝やっていたの。 192

86 Speaking of tall things, there's a very tall tower in Tokyo.
高いものといえば、東京にとっても高いタワーがあるのよ。 194

87 They're all made from soybeans.
全部、大豆からできているの。 196

88 I was getting tired of my job.
私、仕事が嫌になってきちゃっていたの。 198

現地の人と必要な情報を伝え合える

89 I'm not very good with my hands.
私、あまり器用じゃないんです。 200

90 I'll be back in two minutes.
2分で戻りますね。 202

91 What time do they usually open?
この辺りの店は、だいたい何時からやっているんですか？ 204

92 What should I get for dessert?
デザートには、何が良いかしら？ 206

プライベートな問題について
解決の糸口を見つけられる

93 He wants me to join his new project team.
彼は私に、新しいプロジェクトチームに加わってほしいの。 208

94 What do you think I should do?
どうしたら良いと思う？ 210

95 You were the right person to speak to!
あなたに相談して正解だったわ！ 212

96 Now I know what I want to do.
私、自分のやりたいことがわかったわ。 214

旅立ちの準備ができる

97 Can I leave my luggage here?
ここで手荷物を預かってもらえますか？ 216

98 Do you have this in a different color?
これの色違いはありますか？ 218

99 How did you like Thailand?
タイはいかがでしたか？ 220

100 Let's keep in touch.
これからも連絡を取り合おうね。 222

Contents

COLUMN

ジェイソン&エイミーのちょっと「!?」な話

1 **せっかくおしゃれしたのに…!** (エイミー) ……………… 046
2 **どう使うのか、お手本を見せて!** (ジェイソン) ……………… 080
3 **言葉って、進化していくのです!** (ジェイソン) ……………… 114
4 **日本食はとってもヘルシー** (エイミー) ……………… 148
5 **ジェイソンって、どこの人?** (ジェイソン) ……………… 190

第1章
シンガポール編1

空港からホテルまで一人で行ける
フレーズ 1～4 P.014～021

主人公の美佳は東京の会社で働く20代の女性。仕事の内容と職場の人間関係に疑問を感じ、思い切って長期休暇を取り、シンガポールにやって来ました。さあ、美佳の旅の始まりです。

屋台で食べたい物を注文できる
フレーズ 5～8 P.022～029

無事ホテルについてお腹が減った美佳は、屋台に行ってごはんを食べることにしました。他のお客さんから料理の名前を聞いて注文し、相席で初めてのシンガポール料理を楽しみます。

現地の人との会話を楽しめる
フレーズ 9～12 P.030～037

シンガポールのシンボル、マーライオンを見に行った美佳はシャリーンという地元の女性と知り合います。二人は意気投合し、カフェでおしゃべり。翌日の買い物の約束もしました。

値切りながら買い物を楽しめる
フレーズ 13～16 P.038～045

シャリーンの案内でリトルインディアを訪れた美佳は、民族衣装のサリーを試着したり、マーライオンの置物を値段交渉して安く買ったり、異国の地でのショッピングを満喫します。

Where can I catch a taxi?

タクシーはどこでつかまえられますか?

初めてシンガポールを訪れた美佳。
空港の到着ロビーで現地の人にまず聞いたことは…

松本 茂 先生の ONE POINT LESSON

海外旅行をすると、タクシーを利用することがあるでしょう。タクシーをどこで拾えるのか知りたい時は Where can I catch a taxi? と聞けば大丈夫。catch 以外に find や get なども使えます。take a taxi という表現もよく耳にしますが、こちらは拾うということより、乗るということに意識が向いています。例えば、I'll take a taxi to my hotel. は「ホテルまでタクシーに乗っていきます」という意味です。Where can I の後にさまざまな動詞を入れることで表現の幅が広がります。

↪ スーパーでゴミ袋が見つからない時

Where can I get garbage bags?

ゴミ袋はどこで手に入るの?

↪ お土産にネイルアートキットを買って帰りたいんだけど…

Where can I buy a nail art kit?

ネイルアートキットはどこで買えるの?

↪ クリスマスの風景を探して

Where can I see Christmas lights around here?

この辺りでクリスマスのイルミネーションが楽しめるのはどこ?

↪ ショッピングに便利な場所で待ち合わせをしたい

Where can we meet you?

どこで待ち合わせたら良いかな?

ジェイソン&エイミーの もっと使えるフレーズ

Where can I get some pizza?

ピザはどこで買える?

知らない街でピザが食べたくなったらこう聞いてみよう。some pizza は状況によってホールかスライスかの解釈が変わる便利な複数表現。a slice of pizza? か two slices of pizza? なんて悩む必要なし！
(ジェイソン)

How long will it take to the hotel?

ホテルには、どのくらいでつきますか?

タクシーに乗り込んだ美佳は運転手に行き先を告げ、つくまでにどのくらい時間がかかるかを尋ね…

松本 茂 先生の ONE POINT LESSON

日本でタクシーの運転手に「どのくらいかかりますか?」と尋ねると、「時間? 料金?」と聞き返されることがありますが、英語では大丈夫。How long will it take to ...? は所要時間を尋ねる決まり文句です。How long will it take to get to the hotel? の to get などが省略されています。ですから take の後に「to ＋動詞の（不定詞）」を付けることで、いろいろな場面にかかる時間を聞くことができます。例えば How long will it take to fix this?（これを修理するのにどれくらい時間がかかる?）のように。

▶ 職場のアルバイトさんと雑談しながら

How long does it take to your house from here?

ここからあなたの家まで、どのくらいかかるの?

▶ 新しくできたアウトレットに行ってみようという話になって

How long will it take to get there?

そこにつくのに、どのくらいかかるの?

▶ 書類やマグカップが散乱する同僚の机にあきれ顔で一言

How long will it take to clean up?

片付けるのに、どのくらい時間かかるの?

▶ 友達のホームパーティー、テーブルに並んだ豪華な料理に感激!

How long did it take to prepare this food?

この食べ物を準備するのに、どのくらいかかったんですか?

ジェイソン&エイミーの
もっと使えるフレーズ

How long did it take to bake this cake?

このケーキ焼くのに、どれくらいかかったの?

友達が手作りのケーキを持ってきてくれたら感激ですよね! ケーキやお菓子を作るという動詞は bake(焼く)。私は baking(お菓子作り)、大好き!(エイミー)

3

I want to change Japanese yen to Singapore dollars.

日本円をシンガポールドルに両替したいんですが。

タクシーに乗ったものの、現地の通貨を持っていないことに気づいた美佳は、途中の両替所で降ろしてもらい…

松本 茂 先生の ONE POINT LESSON

自分がしたいことをズバリ言いたい時、言っても差し支えない時に使うのが、I want to ... という表現です。今回のように場所が両替所であれば、話し手が両替するために来ていることを相手も承知していますので、Can you ...?/ Could you ...? といった、お願いをするための表現を使わなくても問題ありません。両替する場合は change ... to/into ... という言い方をします。なお、yen は単数でも複数でも同じ形で yen のままですが、dollar は複数だと dollars となります。

↪ ディスプレイがすてきな本屋さんがあると聞いて

I want to go to the bookstore.

その本屋さんへ行きたいわ。

↪ 今日は日差しが強そう。日焼け止めを塗っておかないと大変!

I want to buy some sunscreen.

日焼け止めを買いたいんだ。

↪ 次の旅行先、香港について知りたくなった時に

I want to ask you more about Hong Kong.

もっと香港についてお尋ねしたいんです。

↪ お財布の中を混ぜ返して探し物をしている友達に助け舟

Do you need some change?

小銭がいるの?

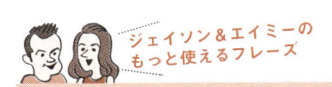

ジェイソン&エイミーの
もっと使えるフレーズ

I want to visit Nebraska.

ネブラスカに行きたいな。

visit ... は行き先が場所でも人でも使えるので、I want to visit Jason in Nebraska. で「ネブラスカにいるジェイソンに会いに行きたい」もアリ。最近は Visit my website at http://xxx のような表現も見かけるね。(ジェイソン)

4

Could you tell me the way to this hotel?

このホテルへの行き方を教えていただけますか?

タクシーが待っている場所がわからなくなり、
困った美佳は通行人に声をかけ、地図を広げて…

松本 茂 先生の ONE POINT LESSON

Could you ...? は相手に丁寧に頼み事をする時に使う定番の表現です。相手が目上の人や見ず知らずの人であっても、この表現を使っていれば間違いないと考えて良いでしょう。Could とyou の音がつながって「クジュ」と聞こえるように発音することが多いです。そして、道順を尋ねる時に使われる決まり文句が tell me the way to ... です。tell の他に show を使うこともよくありますが、show には「地図を描く」「指し示す」「連れていく」というニュアンスがあります。

↪ 駅から図書館までの行き方がわからず駅員さんに尋ねて

Can you tell me how to get to the library?

図書館への行き方を教えてくださいますか?

↪ 昼までに国際小包を発送しなくちゃ! と慌てて

Could you tell me the way to the nearest post office?

最寄りの郵便局への行き方を教えてもらえますか?

↪ 荘厳な大聖堂を訪れる前にガイドさんに確認

Could you tell me how men should dress to enter the cathedral?

男性が大聖堂に入る時には、
どんな服装がふさわしいか教えていただけますか?

↪ アメリカに住む友人家族の娘さんに贈り物をしたくて

Could you tell me what teenagers like to give each other for Christmas in America?

アメリカのティーンエイジャーって、クリスマスに
どんなものをプレゼントし合うのか教えてもらえますか?

ジェイソン&エイミーの
もっと使えるフレーズ

Could you tell me what the dress code is?

ドレスコードを教えていただけますか?

パーティーではドレスコードが決まっていることもしばしば。
formal ならスーツやドレス、casual ならジーンズでもだいたいOK!
informal はカジュアルではなく、ジャケットやタイ着用が一般的です。(エイミー)

Where can I get something to eat?

何か食べたいんですが、どこに行けば良いですかね?

ホテルについて無事にチェックインを済ませた美佳。部屋でひと息ついたら急にお腹が減って、コンシェルジュに…

松本 茂 先生の ONE POINT LESSON

Where can I get …? は、**1**で学んだように、欲しい物などを手に入れられる場所を尋ねる表現です。Where can I get … に something to eat と続いています。疑問文では anything を使うのが原則ですが、「あるはずだ」という気持ちが働き肯定的な返事を期待している場合などでは something を使うことがあります。Would you like something to drink?(何か飲みませんか?)のように、相手に飲み物や食べ物をすすめる時も something を使いますが、これはすすめるという気持ちを表現するためです。

↪ 持ち寄りパーティーをすることに

Could you bring something to eat?

何か食べるものを持ってきてもらえますか?

↪ 暑い中、訪ねてきてくれたお客様にまずは飲み物を

Would you like something to drink?

何かお飲みになりますか?

↪ 日本好きの外国人の友達と買い物にいくと

Where can I get some old Japanese clothes?

どこで古い日本の着物を手に入れられますか?

↪ 友達と買い物中、近場でランチをしようと提案してみる

Why don't we get something to eat at one of the restaurants over there?

あの辺のレストランで何か食べない?

ジェイソン&エイミーの
もっと使えるフレーズ

Where can I get something to wear?

衣類はどこで買える?

旅行に行ってみたら暑かったり、寒かったりってこと、あるよね? 旅先で着るものが必要になったら、この一言を。「何か着るもの」という意味の something to wear は一年中使えるよ!(ジェイソン)

That looks very good!

とてもおいしそうですね!

美佳はコンシェルジュで教えてもらった屋台村に行き、
食事をしている現地の男性に声をかけて…

松本 茂 先生の ONE POINT LESSON

That/This/It looks ... で「〜のように見える」といった見た目の感想を表すことができます。この場合、looks の後に very good を使うことで、「褒める」という機能を持った表現になっています。こういったポジティブなコメントをまず相手に投げかけると、おとなしらしい会話に近づきますよ。look(s)を上手に使って、相手のことや相手が持っている物などを褒めましょう。また、look(s)を、「音」の sound(s)や「匂い」の smell(s)、「味」の taste(s)などに換えることで表現の幅が広がります。

↪ オーガニックコスメのサイトを検索していて

This website looks good.

このウェブサイト、良さそうだね。

↪ 街を散策しながら、そろそろランチという時に

That restaurant over there looks good.

あそこにあるレストラン、良さそうだね。

↪ 注文した料理が運ばれてきて思わず一言

Oh, it looks delicious.

まあ、おいしそう。

↪ 新作の映画を観に行くという友人たちに

That sounds good. Can I go with you?

それは良さそうだね。僕も一緒に行っても良い?

ジェイソン&エイミーのもっと使えるフレーズ

That tie looks good on you.

そのネクタイ、似合ってるね。

アクセサリーや帽子、ドレスなど、身につけているものを褒める時の表現。前置詞が on you となることに気をつけて。パーティーでこう声をかければ、会話のきっかけにもなりますね!(エイミー)

7

What do you mean?

どういう意味ですか?

美佳がプローン・ミー(エビのスープ)を注文すると、「ドライ、それともスープ?」と店員に質問され…

松本 茂 先生の ONE POINT LESSON

相手が言っていることの意味がわからない時に I don't understand. という表現を使います。I can't understand. も同じ意味ですが、「言っている内容はわかるけど、どうしてそんなことを言うのか理解に苦しむ」というニュアンスが含まれます。今回の What do you mean? は、言っていることがわからなくて相手に説明を求める時に使います。状況によっては、いら立った気持ちを表現することもできます。What are you talking about? も同様で「どういう意味?」「何言ってんの?」といった感じです。

↪ ホテルでバスタブのお湯が溜まらない。思わずつぶやく一言

I can't understand why.

なぜなのかわからない…。

↪ 友達との会話がなんだか噛み合わないなぁ

What are you talking about?

何を言ってるの?

↪ オプショナルツアーがあると聞いて、詳しく教えてもらう

Can you explain that?

説明してくれない?

↪ 今まで見たことのない調味料をスーパーで発見！

Can you tell me what it's for?

これ、何のためのものか教えてくれない?

ジェイソン&エイミーの
もっと使えるフレーズ

Could you repeat that for me?

もう一度言ってもらえますか?

相手の言ったことがわからなかったら、思い切って聞き直そう。また、Excuse me? やPardon me? は、会話の途中ならそれだけで「ごめんなさい、何て言いました?」と同じような意味になる便利な言葉だよ。(ジェイソン)

Is this seat taken?

ここ、誰か座ってます?

ランチタイムで混んでいる店内で座る場所を探す美佳。
ようやく空いている席を見つけて…

松本 茂 先生の ONE POINT LESSON

乗り物や公共の施設などで、席が空いているかどうかを確認する時の決まり文句です。Take a seat.（座りなさい）のように、seatは動詞のtake と一緒によく使われます。Is anybody sitting here? も同じ意味になります。返答は、誰かが座っていれば It's already taken. や Somebody's sitting here. と、座っていなければ No. あるいは Nobobody's sitting here. となります。また、空席そのもののことは an empty seat や a vacant seat、an unoccupied seat などと言います。

↪ 会議に遅れてきた上司に小声で

Please sit here.

ここに座ってください。

↪ 食堂で同僚の隣が空いているのを見て

May I sit here?

ここに座っても良い?

↪ セレモニー会場で友人が座っているテーブルへ

Can we sit together?

僕たち、一緒に座れますか?

↪ パーティーでもっとゆっくりお話してみたい人に声をかけて

Won't you sit next to me?

私の隣に座っていただけませんか?

ジェイソン&エイミーの もっと使えるフレーズ

Let's sit on this bench.

このベンチに座ろうよ。

Let's で始めれば、一緒に座ろうと誘う表現になります。 Let's have a seat on this bench. とすれば、より丁寧に聞こえます。
(エイミー)

9

I'm not in the picture.

私が写ってないんですけど。

マーライオンと一緒に記念写真を撮ってもらおうと、
美佳は通りがかりの女性に頼んだが…

松本 茂 先生の ONE POINT LESSON

「私が写っていない」の「写って」を直訳しようとして困ってしまう人は多いはず。I'm not in the picture. は文法としては中学1年レベルですが、十分に意図が伝わります。写真を見せながら「真ん中に写っている女性は私の母です」と言いたい時は The woman in the center of this picture is my mother. で通じます。I'm in .../I'm not in ... は、状態・状況・心持ちを言い表す時にも使う表現です。I'm not in a hurry.（急いでいません）、I'm in a good mood.（気分が良い）などがあります。

↪ 共通の友達である男性俳優について話しています…

Will he be in the movie?

彼、その映画に出るの?

↪ 怪談話をして、キメの一言!

At midnight you can see her ghost in the mirror.

真夜中に彼女の幽霊が鏡に映るのよ!

↪ 友達に恋人ができたと聞いて納得して

She was in a good mood the whole summer.

彼女はこの夏ずっと機嫌が良かったのよ。

↪ せっかくのホリデーシーズンなのに仕事が忙しくて…

I'm not in the holiday spirit.

僕はホリデー気分ではないんだ。

ジェイソン&エイミーの
もっと使えるフレーズ

Nowadays I'm not into clubbing.

最近はクラブ遊びに興味がないんだ。

「昔はクラブ通いもしたけれど、最近は落ちついちゃって…」のような状況や、誘いを断る時にも使える。I'm not intoの後ろはdrinkingやcooking, jogging などに置き換えてもOKだよ。(ジェイソン)

第1章 シンガポール編1

10

What about you?

あなたは?

写真を撮ってくれたシャリーンとは気が合いそう。
互いに自己紹介し、どんな仕事をしているのかを聞いて…

松本 茂 先生の ONE POINT LESSON

What about you? は自分のこと・意見・好みなどを説明した後で、相手に同様のことについて尋ねる時に使う決まり文句です。How about you? という言い方もあり、ほとんど同じ使い方をします。どちらもくだけた表現ですが What about you? の方がやや改まった感じがします。また、相手に「あなたはどう?」と意見や物事を尋ねる際に使われるのは What about you? の方が少し多いように思われます。How/What about a drink tonight?（今晩一杯どう？）という使い方もします。

↪ ピンク色の携帯ケースは現在品切れ、と言われて

Then, what about yellow?

じゃあ、黄色はどう?

↪ お休みの日に珍しく家にいる妹に声をかけて

What about going shopping?

買い物にでも行く?

↪ 週末のピクニックの集合時間について相談

How about ten o'clock?

10時はどう?

↪ パーティーに着ていく服がなかなか決まらない友達に一言

How about this dress?

このドレスはどう?

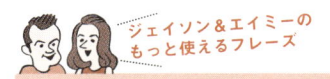

ジェイソン&エイミーの もっと使えるフレーズ

What about going to a beach for holiday?

休暇に海へ行くのはどう?

What about ...? は、状況を確認する他に、相手の意見や気持ちを聞くのにも使えます。この場合は、How about ...? とほぼ同じ意味。about の後は名詞が来るので、動詞なら ... ing にしてね。
(エイミー)

11

What do you recommend?

おすすめは?

カフェに入った美佳とシャリーン。初めての土地で
メニューに迷ったら、地元の人に聞くのが一番…

松本 茂 先生の ONE POINT LESSON

recommend は「すすめる」「推薦する」という意味で使われる動詞です。何がおすすめなのかを聞く表現には What would you recommend? もあります（こちらの方がWhat do you ... より、やや丁寧な感じ）。また、対象を限定する場合は例えば What fish dishes do you recommend?（魚料理では何がおすすめですか？）のように尋ねます。自分がよく知っている店に友人を連れていって What do you recommend? と聞かれたら I recommend ... あるいは I'd recommend ... と答えればOK。

▶ 店員さんにおすすめを尋ねてみる

Do you recommend any particular kind of towel?

タオルで特におすすめの種類はありますか?

▶ レストランでおすすめのメニューを聞いた後に

Can you recommend any others to me?

他に、私におすすめはありますか?

▶ 初めての街で禁煙の喫茶店を探したい

Could you recommend a non-smoking coffee shop around here?

この辺りの禁煙の喫茶店を教えてくださいますか?

▶ おすすめの場所を聞かれて答えた後に付け加えて

Maybe it's recommended in my guidebook.

多分僕のガイドブックにも、
おすすめとして出ているんじゃないかな。

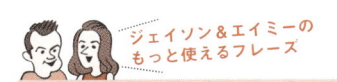

ジェイソン&エイミーの
もっと使えるフレーズ

Who do you recommend?

誰かおすすめの人いる?

recommend は物や場所だけでなく、人にも使えるんだよ。ピアノの先生、家庭教師、美容師さんなどを紹介してもらいたい時ってあるよね?そんな時はこうやって聞いてみよう。(ジェイソン)

12

It was nice talking to you.

お話しできて楽しかったわ。

楽しい時間はあっという間に過ぎる。
「もうそろそろ行かなくちゃ」と言うシャリーンに美佳は…

松本 茂 先生の ONE POINT LESSON

話を終えて別れる時に使う決まり文句です。立食パーティーなどでちょっとした会話を交わして、ころ合いを見計らって話を終えるという時にも使える表現です。I really enjoyed talking to you. と言っても、ほぼ同じ意味になります。相手が初対面の場合には It was nice meeting you. と、talking to の代わりに meeting を使っても同じ気持ちを表現することができます。いずれも文頭の It was を省略して、Nice talking to you. あるいは Nice meeting you. と言うことがよくあります。

英語のレッスンを終えて先生に一言

Goodbye for now!

では、さようなら！

バスに乗り合わせた人と会話が弾み、別れ際に

I enjoyed talking to you.

お話しできて楽しかったです。

同僚との打ち合わせを終えて会議室を出る時に

Talk to you later.

じゃあ、またね。

朝出かける時に玄関で靴を履きながら

See you later!

また後で！

ジェイソン＆エイミーの
もっと使えるフレーズ

It was a pleasure meeting you.

お会いできてうれしかったです。

nice や great を使ってももちろんOKですが、a pleasure にすると、ぐっとおとなっぽい別れの挨拶になります。洗練された男性にこう言われたりしたら、うきうきしてしまいそう！（エイミー）

13

Where are you taking me today?

今日はどこへ連れてってくれるの?

前日に知り合ったシャリーンと、また会うことに。
美佳は待ち合わせ場所につくとシャリーンに向かって…

松本 茂 先生の ONE POINT LESSON

　take は話し手・聞き手のいる場所「以外」のところへ連れていったり、持っていったりする時に使います。bring は聞き手のところ、あるいは聞き手が想定している場所へ連れてくる（日本語訳は「連れていく」となるケースもある）、もしくは持って来る（日本語訳は「持っていく」となることも）時に使います。I'll take my girlfriend to the movies.（彼女を映画に連れていくつもりだ）と I'll bring my girlfriend to your office.（彼女を君のオフィスに連れていくよ）を比べるとわかりますね。

↪ 女友達に今夜の予定を聞かれて

John wants to take me to dinner.

ジョンは、私を食事に連れていきたがってるわ。

↪ 海外からのお客様をもてなす

We're going to take her to a Japanese garden.

私たちは、彼女を日本庭園に連れていくつもりなのよ。

↪ 恋人に記念日にはどうしたいか聞かれたら…

How about taking me to that fancy French restaurant?

例のすてきなフランス料理店に
連れていってくれるのはどうかしら?

ジェイソン&エイミーの
もっと使えるフレーズ

Could you take me to the hospital?

病院に連れていってもらえますか?

旅先で頭痛がしたり、気分が悪くなったりと、体調が優れない時や、怪我をして動けない時など、とてもじゃないけど自分で病院を探して移動できる状態ではない! という非常事態に使いたい大事なフレーズ。特に友人などのいない一人旅や、頼れる人が周りにいない時にはぜひ活用したいよね。to the hospital は to the doctor でも良いでしょう。逆に具合が悪そうな人を見た時は Would you like me to take you to the hospital? と声をかけてあげると親切だよね。
(ジェイソン)

14

I've made up my mind.

決めたわ。

サリー（南アジアの女性が着る民族衣装）のお店で
どれを買おうか迷っていた美佳がシャリーンに…

松本 茂 先生の ONE POINT LESSON

迷った末に「もう決めた！」と宣言する、踏み切りをつける時に使う表現です。美佳もいろいろな色や柄のサリーを見て迷った後、この表現を使っています。I've decidedと同じ意味ですが、make up one's mindの方が「決心する」「腹を決める」といったニュアンスが感じられます。I've made up my mind to quit my job.（仕事を辞めることにした）のように to ... を付けることで表現の幅が広がります。また、Have you made up your mind to ...? のように、質問することもできます。

📤 色違いでどちらもかわいい靴を前に一言

I can't decide!

決められない!

📤 家族を喜ばせたいと思って

He made up his mind to cook for the family.

彼は家族のために料理を作る決心をした。

📤 転職して夢を目指す決意を宣言

My mind is made up.

僕の心は決まったよ。

📤 田舎へ移り住もうかと話しながら

Our minds aren't made up yet.

私たちはどうすべきか、まだ決心がついていません。

ジェイソン&エイミーの
もっと使えるフレーズ

I'm conflicted.

どうしよう。

conflict は「対立」とか「板ばさみ」という意味。二つの選択肢の間で迷ったり、心の中に相反する感情があってどうしたら良いのかわからなかったり、という状況の時にぴったりです。(エイミー)

Just joking.

冗談よ。

お店での値切り方を教えようとして「戦うのよ」と言う
シャリーンにパンチで応える、冗談が通じない美佳…

松本 茂 先生の ONE POINT LESSON

jokeは名詞としてよく使う単語です。tell a joke(冗談を言う)、take a joke(冗談を笑って受け入れる)、make a joke of ...(～をからかう)などの使い方をします。また、動詞として「冗談を言う」「～だと冗談を言う」という意味でも使います。Just joking.は「冗談だってば」といった意味で、笑って言うような表現です。真剣に受け取ってくれない時はI'm not joking.(冗談を言っているわけではないですよ)、話題を変える時はJoking aside.(冗談はさておき)といった表現が可能です。

↪ 「けんかしないの！」と母親にとがめられて

We're just joking.

私たち、ふざけているだけよ。

↪ 妹に「この後のディナーはビスケットだけよ」と言った後…

I'm just kidding.

ほんの冗談よ。

↪ こっそり飲み物を取り換えたことに気づいて怒った友達に

Can't you take a joke?

あなた、冗談通じないわけ？

↪ 「付き合って」に「からかってるの？」と返した女性に対して

No, I'm not teasing you.

いいや、僕は君をからかってなんかいないよ。

ジェイソン＆エイミーの もっと使えるフレーズ

He's pulling your leg!

彼は君をからかってるんだよ！

日本語には「足を引っ張る」という表現があるけれど、それをそのまま英語で pull someone's leg と言うと、全く違う意味の「からかう」になるんだよ。I'm pulling your leg! と言われて、自分の足を見ないようにね！（ジェイソン）

Could you give me a discount?

安くしてもらえませんか?

美佳は土産物店でマーライオンの置物を気に入り、
早速、値引き交渉に挑戦…

松本 茂 先生の ONE POINT LESSON

Could you ...? は、Can you ...? より丁寧であることはもちろんのこと、Would you ...? よりもさらに丁寧に依頼する時に使う表現です。Could you possibly ...? と言うと、もっと丁寧になります。そして値引きをしてもらいたい時の表現で覚えておきたいのが give me a discount です。値引きしてもらった後、さらに交渉する場合は、Could you give me a bigger discount? や Could you make it even cheaper? などと言ってみてください。英語の勉強だと考えて、値引き交渉をしてみるのも良いでしょう。

📤 お店ですてきなバッグを見つけたけれど、少し予算オーバー

Can you make it a little cheaper?

もう少し安くできない?

📤 赤字になっている価格を指差して店員さんに確認

Is it a special price?

これは特別価格?

📤 当日券販売所で価格表を見て

But ticket prices are still high.

入場券の値段は、それでもまだ高いよね。

📤 閉店セール中のお店を見渡しながら

Everything is half-price now, right?

すべてが半額なんですよね?

ジェイソン&エイミーの もっと使えるフレーズ

Is this on sale too?

これも安くなってますか?

on sale なら「セール中」、for sale なら「販売中」です。セール品の横に置いてある新シーズンの商品を指して、「これも安いの?」とついでのように聞いてみる……なんて、賢い値切り方でしょ?
(エイミー)

COLUMN 1

ジェイソン&エイミーのちょっと「!?」な話

せっかくおしゃれしたのに…!

　私は、毎朝、目が覚めるとまず、今日は何を着よう？ ということで頭がいっぱい。友達からは、TPOを忘れないように、って教えてもらいました。これはTime（時）、Place（場所）and Occasion（場面）のことですよね。これは日本独自の言い方なのですが、ともかく出かけるのは昼間なのか夜なのか、どこに行くのか、どんなシチュエーションなのか、TPOを考えるのは大切。

　時には、あらかじめドレスコードが決まっていることもあります。例えば、高級ホテルではサンダルや短パンはお断り、とか。もしわからない時は、Could you tell me what the dress code is?と聞いてみると良いですよ。

　ドレスコードにまつわる思い出といえば、高校時代のプロム！ きっと、みんな映画なんかで観たことがあるかもしれませんね。プロムは、高校生活の最後に行われるダンスパーティー。みんなドレスアップして卒業を祝います。「プロム（Prom）」という言葉はもともとフランス語でお散歩を意味する「プロムナード（Promenade）」から来たもの。これは同時に、舞踏会でのゲストたちの舞踏ホールへの行進という意味もあります。

　私の通っていたインターナショナルスクールのプロムでも、ドレスコードは「フォーマル」、つまりタキシードとロングドレスでした。実を言うとプロムで一番楽しかったのはその準備。友達とショッピングへ行ってドレスを探したり、雑誌を見ながらヘアスタイルを研究したり…。

　さぁプロム当日！ となれば、もう大忙し。ネイルも髪もアクセサリーも、それにメイクアップも完璧に！ お姫様のような気分でプロム会場についた時、目に入ったのは、なんと全く同じドレスを着ている子。あぁ最悪、かぶっちゃった!! あんなにばっちり準備したのに水の泡でした。ほんとに、アンラッキーだったなぁ！

◆ エイミー

第2章
シンガポール編2

異文化体験を楽しめる
◆ フレーズ17〜20 / P.048〜055

美佳はシャリーンと一緒にリトルインディアからアラブストリートに移動して、モスクを見学したり、ベリーダンスに挑戦したり、その街に根づいているカルチャーを満喫します。

知り合いのうちを訪問して
楽しいひとときを過ごせる
◆ フレーズ21〜24 / P.056〜063

美佳はシャリーンの自宅に招かれ、カレーのもてなしを受けます。異国で新しい友達ができ、出された料理を初めて手で食べて、思わぬ体験の連続に美佳は心が軽くなるのを感じます。

友達にお礼のプレゼントを買える
◆ フレーズ25〜28 / P.064〜071

ホテルに届いた1枚のファックスで、美佳は急遽シンガポールを発つことになります。親切にしてくれたシャリーンに電話をかけて事情を伝え、心を込めたプレゼントを用意します。

おしゃれなレストランで友達と食事を楽しめる
◆ フレーズ29〜32 / P.072〜079

最後の夜、二人はドレスアップして、シャリーンが予約したすてきなレストランに出かけます。夜景の見える店内で、美佳とシャリーンは出会いに感謝し、別れを惜しみながら乾杯。

17

I feel like I'm in a different country again.

また別の国にいるような感じがするわ。

シャリーンの案内で美佳は、リトルインディアの次に
アラブストリートに。異文化を肌で感じながら…

松本 茂 先生の ONE POINT LESSON

I feel like ... は「(実際は違うが)〜のように感じる」という意味の表現です。I feel like a different person. (違う人になったような気がします) のようにlikeの後に物や人が続く場合と、I feel like my heart's going to leap into my mouth. (心臓が口から飛び出しそうです) のように文の形が続く場合があります。I feel like a drink. (一杯飲みたい気分だ) のように「〜したい気分だ」ということも表現できます。例えば、I feel like eating out tonight. (今晩は外食したい気分だ) のように言います。

↪ 真夏のような暑い日に

I feel like jumping into the ocean right now.

今すぐにでも海に飛び込みたいよ。

↪ 入社したばかりで、まだ学生気分が抜けない

I feel like I'm still in school.

まだ学生のような気分だ。

↪ 自分を頼りにしてくれる職場の後輩に

I feel like you're my real little sister!

あなたは本当の妹みたいだ!

↪ 学生生活が長いなぁと思った時に思わずつぶやいた一言

I feel like I've been in school forever.

ずっと学校に通っているような気がするんだよね。

ジェイソン&エイミーのもっと使えるフレーズ

I feel like I've met you before.

前に会ったことある気がするなぁ。

初対面のはずなのに「どこかで会ったことない?」「前に会ったことあるでしょ?」と感じる時はありませんか? 思わずそう言いたくなってしまっても、相手によっては誤解されてしまう場合もあるので注意しようね。(ジェイソン)

18

This is my first time to see a mosque.

モスクを見るのは初めてだわ。

アラブストリートのサルタンモスクに見とれる美佳。
シャリーンの案内で中に入って見学することになり…

松本 茂 先生の ONE POINT LESSON

This/It is my first time to ... は「私は〜するのは初めてである」という意味の表現です。文法的には the を使ったうえで、This/It is the first time that I have seen a mosque. という形にするのが正しいと言われていますが、話し言葉では to see a mosque のように to の後に動詞の原形を続けて使います。誰かにどこかに連れていってもらった時や、何かをごちそうになった時に使うと、初めての体験だったという喜びや高揚感、貴重な体験をさせてもらった感謝の気持ちが伝わるはずです。

↪ 留学先に到着し、顔合わせに向かう前に

This is my first time to meet my host family.

ホストファミリーに会うの、初めてなの。

↪ 沖縄の海の青さに感激している息子の様子を友人に説明

It's his first time to come here.

彼がここに来るのは初めてよ。

↪ 初めて高級寿司店のカウンターに座って感激の一言

It's the first time for me to eat at a sushi restaurant like this.

僕は、こういう寿司の店で食べるのは初めてなんだ。

ジェイソン&エイミーの
もっと使えるフレーズ

It was my first time to try shirako.

白子を食べるの初めてだったよ。

「初めて」は first time 、「2回目」なら second time。ずっと日本に住んでいますが、食べたことがない食べ物ってまだまだあるんですよね。この前初めて白子を食べました！生の魚は外国ではあまり食べることもないし、納豆やとろろ、もずくなど、ネバネバした食べ物も日本独特だと思います。本当、日本にはいろいろ珍しい食べ物がありますよね。これからも、まだ知らない、食べたことのない食べ物に出会いたいです。（エイミー）

19

No, that's all right.

いいえ、遠慮しとくわ。

食事をしながらベリーダンスを堪能する二人。
「踊ってみない?」とシャリーンに言われた美佳は…

松本 茂 先生の ONE POINT LESSON

相手から「〜しませんか?」と誘われたり、促されたり、あるいは「〜はどうですか?」とすすめられた時に、やんわりと断れるようになると、おとなの英語に近づきますね。日本人は、はっきり No と言わないとよく言われますが、No とだけ言えば良いというわけではありません。No だけでは、失礼になるケースがほとんどです。状況や相手との関係によって表現が変わりますが、いろいろな場面で使えるのが、No の後に that's all right を続けた、No, that's all right. という表現です。

▶ 店頭で商品を「袋に入れますか？」と聞かれて

No, thank you.

いいえ、結構です。

▶ 「レストランを予約しようとしたけどだめだった」と言う友達に

Thank you anyway.

とにかく、ありがとう。

▶ 「書類をお届けしましょうか？」と言われて断った後

But thank you for the offer.

でも、お申し出、ありがとう。

▶ 店員にすすめられた料理が自分好みでなかった時

It's all right, but it's not my favorite.

悪くないけど、僕の趣味じゃないなあ。

> ジェイソン＆エイミーの
> もっと使えるフレーズ

Thank you but it's not really my thing.

ありがとう。でも、あまり僕向きではないね。

せっかくの申し出を断るって、案外難しい。やはり大事なのは Thank you を言うことかな。趣味じゃない、という時 not really my thing とか not really my style のように really を付けるとニュアンスがやわらぐよ。（ジェイソン）

20

Just relax and have some fun!

落ちついて、楽しむのよ!

ベリーダンスの衣装に着がえたものの、緊張して
尻込みしている美佳に向かってシャリーンが…

松本 茂 先生の ONE POINT LESSON

I'm nervous. と言って緊張している人の、緊張を和らげてあげるための表現です。Just relax. だけでも使え、「リラックスして」「落ちついて」という意味です。もちろんこれだけでも済むのですが、and have some fun! と続けると「楽しむのよ!」「楽しんでね!」というもっと前向きな表現になります。some を使わず Have fun! でもOK。楽しそうに出かける相手に、Have fun! と言って送り出しましょう。また Have fun! はBye! や See you later! の代わりに使うこともあります。

↪ これからオーディションに臨む友達に

Don't be nervous.

緊張しないでね。

↪ インフルエンザで出社できず、会議を欠席した同僚に一言

Don't worry.

心配しないで。

↪ 新しいサークルを立ち上げたメンバーたちと

It's going to be a lot of fun!

きっととても楽しいから!

↪ 彼とデートに出かける友達に一言

Well, have fun.

じゃ、楽しんでね。

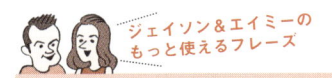

ジェイソン&エイミーの もっと使えるフレーズ

Just breathe, you'll be all right!

ほら深呼吸して、きっとうまくいくよ!

breathe(ブリーズ)は「息をする」という動詞。名詞になると breath(ブレス)にスペルや音が変化します。緊張したらまず深呼吸(deep breath)というのはどこの国でも一緒ですね。(エイミー)

21

Should I take off my shoes?

靴は脱いだ方が良いの?

シャリーンの家に招かれ、初めて現地の人の暮らしを
目の当たりにする美佳。玄関に並ぶ靴を見て…

松本 茂 先生の ONE POINT LESSON

Should I ...? は「～した方が良いでしようか？」「～すべきでしようか？」と尋ねる文の型で、相手に指示や助言を求める時に使います。異文化においては、その土地の人に意見を求める姿勢が重要です。何でも自分の常識で判断せずに、この表現を上手に使いましよう。Should I ...? に似た表現に Shall I ...? がありますが、これは Shall I help you with your luggage?（荷物を持ちましようか？）のように、自分から申し出る時や、提案して相手の意向を確かめる時に使います。

↪ 知り合いのホームパーティーに呼ばれたら

Should I bring something?

何か持っていった方が良い?

↪ 気になる女性をディナーに誘いたい、と友達に相談

Should I ask her in person or on the phone?

彼女に会って言った方が良いか、
それとも電話で誘うのが良いのかな?

↪ 会社のクリスマスパーティーでもらったプレゼントを手にして

Should I open it now or wait for Christmas?

今開けた方が良いかしら、
それともクリスマスを待った方が良いかしら?

↪ 突然スピーチをすることになって

What should I do?

どうすれば良いかな?

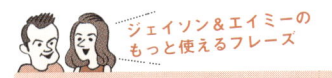

ジェイソン&エイミーの もっと使えるフレーズ

Should I do it now or later?

今? それとも後でやるべき?

「ゴミを出しといてねー」と言われても、今やらなくちゃいけないのか、後でも良いのかわからない! では、いつやるか聞いてしまいましょう。すぐにやるならもちろん Now!(ジェイソン)

22

Something smells really good.

なんか、すごく良い匂いがするわね。

シャリーンの家でくつろぐ美佳。お腹が鳴るような
良い匂いに誘われ、キッチンへと歩いていき…

松本 茂 先生の ONE POINT LESSON

家などに招待され、相手が作っている料理に対する期待感を言い表す時に使えるのが、この Something smells really good. です。really を付け加えることで期待の大きさを表現できます。料理が出来上がったら、まず見た段階で This looks really good.（とてもおいしそう）と言い、一口食べたら This tastes really good.（とてもおいしい）と言いましょう。smell/look/tasteと動詞を換えるだけで、調理中・食事直前・食事中と3回褒めることができます。「褒める3段活用」ですね。

↪ 散歩中にほのかなキンモクセイの香りを感じて

Oh, it smells wonderful!

まあ、とても良い匂いだわ。

↪ キッチンから漂ってきたおいしそうな匂いに思わず一言

Hey, something smells great.

ねえ、何か良い匂いがするね。

↪ リラクゼーションアロマのお店に入った瞬間

What smells so good?

この良い匂い(香り)は何かしら?

↪ 熟れた桃を一口食べてみてびっくり

This peach tastes so sweet!

この桃すごく甘い(味がする)!

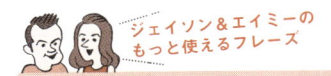

ジェイソン&エイミーの もっと使えるフレーズ

Your perfume smells amazing!

君の香水、すごく良い香りだね!

amazing は、「驚くほど素晴らしい」というとびきりの褒め言葉。ちなみに、perfume は女性用の香水のことで、男性がつける香水は cologne と言うんですよ。(エイミー)

23

Show me how to do it.

どうやるのか、お手本を見せて。

郷に入っては郷に従え。シャリーンが作ったカレーを
美佳はスプーンを使わないで食べようとして…

松本 茂 先生の ONE POINT LESSON

Could youで始める、相手に丁寧に頼み事をする時のフレーズは4で取り上げましたが、今回はその応用です。文の型は Could you を使わずに動詞で始めています。親しい間では、むしろこの方が自然な感じがします。また、tell ではなく show を使っていることがポイントです。どちらも「教えてもらう」ことに違いはありませんが、tell が言葉での説明を想定しているのに対して、show の場合は実際にやって見せてくれること、あるいは絵に描いてもらうことなどを想定しています。

↪ 新しいコーヒーメーカーの使い方がわからなくて

Will you show me how?

どうやるのか教えてくれる?

↪ 飾られていたすてきな絵が友達の作品だった

Please show me how to draw these flowers.

この花の描き方を教えて。

↪ おいしい手作り餃子をごちそうになって一言

Can you show me how to make it?

作り方を教えてくれる?

↪ 最新のスマートフォンを手に入れたは良いけど…

Can you show me how to write and send text messages?

携帯メールの書き方と送り方を教えてくれない?

ジェイソン&エイミーの
もっと使えるフレーズ

Could you show me how to use chopsticks?

どうやってお箸を使うのか見せてくれますか?

最近は日本食も世界中で食べられるようになり、お箸の使い方がわからない、という外国人は減ったかもしれません。でも、こんな風に聞かれたら、Sure! と気持ちよく教えてあげようね。
(ジェイソン)

24

I'm sorry I couldn't finish it.

残してごめんなさい。

お皿には食べきれなかったカレーが少し残っている。
美佳は申しわけなさそうな顔でシャリーンに…

松本 茂 先生の ONE POINT LESSON

遅刻して謝罪する際の定番表現である I'm sorry I'm late. と文の型は同じです。今回の場合は、料理を食べきれなかったことを謝っています。I couldn't finish it. は「やり終えられなかった」ということを伝える表現なので、用途はとても広いです。レストランなどで「お済みですか？」という意味で Are you finished？と聞かれた時の答えにも使えます。さらに、「お腹がいっぱい」ということをダイレクトに伝える表現としては I'm full./I'm stuffed. といったものがあります。

↪ ペアで踊っている時にステップを間違えて頭が真っ白!

I'm sorry I messed up during the dance.

ダンス中にヘマをしてごめんね。

↪ メールの返事がなかなか書けなかった相手に一言

I'm sorry I did not write to you sooner.

もっと早く返事ができなくてごめんなさい。

↪ まだ料理は残っているけれどもう満腹! という時の一言

I'm already full.

もう、お腹いっぱい。

↪ おかわりをすすめられて丁寧に断る時に

Thank you, but I can't eat another bite.

ありがとうございます。でもこれ以上は食べられません。

ジェイソン&エイミーの もっと使えるフレーズ

I'm sorry I'm late.

遅れてごめんなさい。

約束の時間を過ぎてしまった時はまず最初にこの一言を言いましょう。遅れて謝る時にこのフレーズが大活躍します。I am sorry for being late. でもOK。私も時々使いますが……遅刻はしないのが一番です!(エイミー)

25

I have to leave for Hong Kong tomorrow for my sister.

姉のために明日、香港に行かなくちゃならないの。

美佳は出かけようとしてフロントで呼び止められる。
香港在住の姉からホテルに届いたファックスを見て…

松本 茂 先生の ONE POINT LESSON

have to と must の意味は微妙に異なります。どちらも「〜しなければならない」ですが、must は、話し手が主観的にそう思って使うケースが多く、主張の度合いの強さを感じます。have to は、義務であったり、状況から判断してそうせざるをえない場合によく使います。例えば You must apologize. は、話し手が「君は謝るべきだ」と思っていて、説教をしているような感じ。You have to apologize. は、「こういう状況だから謝らないわけにいかないでしょ」と促すようなニュアンスです。

↪ 夕飯食べる? と友人に聞かれて

I have to finish my homework first.

まずは宿題を終わらせなくちゃ。

↪ 遊びに行こうよ! と誘われたものの…

I have to pull out the weeds.

雑草を抜かないといけないんだ。

↪ 上司に頼まれた書類はいつまでなのか同僚に聞かれて

I have to post them this week.

今週、郵送(投函)しなくてはならないんです。

↪ 予防接種を受ける前には

I have to check my temperature with a thermometer.

体温計で体温を測らなくてはならないの。

ジェイソン&エイミーの もっと使えるフレーズ

I have to do my laundry.

洗濯しなくちゃ。

「洗う」=wash には違いないけれど、「洗濯」は do the laundry、「食器洗い」は do the dishes と言います。my laundry と言うと自分の分を、the laundry と言うとそこにある洗濯物全部を洗うという意味になるよ。(ジェイソン)

26

I need to book a flight to Hong Kong tomorrow morning.

香港行きの明日の朝の便を、予約しないといけないんですが。

出張で香港を離れる姉から飼い猫の世話を頼まれる。
美佳は旅行代理店に行き、カウンターで…

松本 茂 先生の ONE POINT LESSON

need to ... は have to ... とほぼ同じで、「～する必要がある」という意味ですが、have to ... よりもその必要性が高い状況にある感じがします。また、今回の美佳のように、飛行機や列車などの交通機関のチケットを予約する際、窓口の人に対してこの表現を使います。book が「本」だということは誰でも知っていますが、他に「(部屋や座席などを)予約する」という意味の動詞としても使うことを覚えておきましょう。日本語でも「ダブルブッキング」という言葉を使うようになりましたね。

↪ 時間指定の宅配便を受け取らなければならず

I need to get home by seven.

7時までに帰宅しなきゃいけないの。

↪ 友人の結婚式のために靴が必要になって

I need to get a new pair of shoes.

新しい靴を一足買わないといけないんだ。

↪ 今日は帰りどこかに寄るの? と聞かれて

I need to buy a few things.

いくつか買わないといけない物があって。

↪ 職場で新しいシステムを導入することが決まって

I need to study it harder.

そのことをもっと勉強する必要がある。

ジェイソン&エイミーの
もっと使えるフレーズ

I need to get some new lipstick.

新しいリップ買わなくちゃ。

この some は「いくつか」ではなく、「何らかの」というニュアンス。何かしら次の新しいリップを…と、漠然とイメージしています。
(エイミー)

27

I just called to say thank you and goodbye.

お礼とお別れを言おうと思って、ちょっと電話したの。

香港へのチケットが取れた美佳は、ほっとする間もなくホテルの部屋に戻り、シャリーンに電話をかけて…

松本 茂 先生の ONE POINT LESSON

電話をかけた理由を説明する時の定番の表現が、I (just) called to ... です。今回のように just を加えることで、「〜のために、ちょっと電話をした」「ただ、〜ということで電話をした」といったニュアンスになります。お礼とお別れを言う際に使える優しい表現には、to say thank you and goodbye があります。お世話になった人にはせめて電話をして、お礼の気持ちを伝え、お別れの挨拶はきちんとしたいものです。おとなの英語としても欠かせないマナーですね。

↪ 電話をした時に不在だった友達から電話がかかってきた時

Thanks for calling me back.

折り返し電話をしてくれてありがとう。

↪ 友達に電話で頼み事をする

I'm calling to ask you a favor.

あなたにお願いがあって電話しているの。

↪ お世話になった恩師にお礼を言う

We have to say thank you for everything.

何から何まで、
すべてのことにお礼を言わなくてはなりません。

↪ 近所に住む友達のところに寄ってお礼を

I just dropped by to say, "Thank you."

「ありがとう」を言うためにちょっと寄ったんだ。

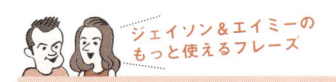

ジェイソン＆エイミーの
もっと使えるフレーズ

I'm just calling to confirm my reservation.

ちょっと予約の確認がしたくて電話しているんですが。

電話でレストラン、飛行機、ホテルなどの予約を確認したい時に使えるフレーズ。confirmation number（予約番号）がある時は、あらかじめ手元に用意しておくと話が早いはずだよ。（ジェイソン）

28

I want to give her a "thank you" present.

お礼の品をあげたいんです。

シンガポール最後の夜はシャリーンと過ごすことに。
美佳は、待ち合わせの前にギフトショップに寄って…

松本 茂 先生の ONE POINT LESSON

「人に物をあげる」の言い方には「give ＋人＋物」「give ＋物＋ to ＋人」の2パターンがあります。聞き手にとって新しい情報、話し手にとってより重要な情報を後ろに置くのが原則です。① I want to give her mother a "thank you" present. ② I want to give a "thank you" present to her mother. ①は「お礼の品を」、②は「彼女のお母さんに」を強調しようとしています。ただし「物」にあたる言葉が代名詞の場合と、「物」「人」のどちらも代名詞の場合には、原則として②の「give ＋物＋ to ＋人」のパターンのみを使います。

▶ 彼女の家に初めて招かれることになり一言

I want to give a present to your mother, too.

君のお母さんにもプレゼントを渡したいんだ。

▶ お世話になった人に贈り物を渡しながら

Here's a little something for you.

ささやかな物だけど、これを君に。

▶ 彼女がずっと欲しがっていたアクセサリーをプレゼント

I hope you like it.

気に入ってくれると良いんだけど。

▶ プレゼントをもらって感激！ 待ちきれずに一言

Can I open it now?

今、開けても良い？

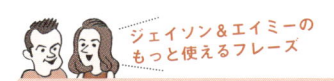

ジェイソン＆エイミーの
もっと使えるフレーズ

I think it will suit you.

きっと似合うと思って。

日本では遠慮して「つまらない物だけど」なんて言いますが、英語ではもっとポジティブな表現の方が気持ちが伝わります。suit you で「似合うよ！」と伝えてみましょう。(エイミー)

29

I reserved a table at a nice, cozy restaurant for us!

落ちつけて、すてきなレストランを予約してあるの!

待ち合わせの場所はマーライオンパーク。
着飾った美佳とシャリーンが、これから行くところは…

松本 茂 先生の ONE POINT LESSON

動詞の reserve はホテルやレストランを予約する時に使います。飲食店を予約する場合には table という言葉を使い、I'd like to reserve a table for four.（4名の席を予約したいのですが）と言うことがあります。reserve の名詞形は reservation ですから、make a reservation と言えば reserve と同じことを意味します。今回のフレーズは I made a reservation at a nice, cozy restaurant for us! と言い換えることができます。RESERVED という表示をよく見かけますが、これは「予約席」「指定席」のことです。

📤 近くにできた新しいレストランの予約を取って、友達に一言

I reserved a table for us at that new restaurant.

あの新しいレストランに予約を入れておいたよ。

📤 日本へ出張に行く同僚に一言

Have you reserved your plane ticket to Japan?

日本行きの航空券を、もう予約した?

📤 お気に入りのイタリアンレストランに行きたいという彼女に

I'm going to call and reserve a table for two at the Italian restaurant.

あのイタリアンレストランに電話して2名で予約しておくね。

📤 今度の日曜日、家族で外食したいな、と話していたら…

I think Dad made a dinner reservation for Sunday night!

お父さんが日曜の夜のディナーのために席を予約してくれたみたいだよ!

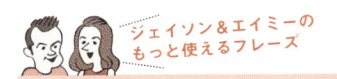

ジェイソン&エイミーのもっと使えるフレーズ

I have an appointment at the hospital after work.

仕事の後、病院の予約があるんです。

病院の予約があると言いたい時は、reservation じゃなくて I have an appointment at ... に。美容院や面接などの約束の時にも appointment を使うって覚えておくと良いよ。(ジェイソン)

30

I'll really miss you.

あなたに会えなくてすごく寂しくなるわ。

レストランで、夜景が良く見える席につく二人。
美佳はシャリーンに香港行きの理由を説明し…

松本 茂 先生の ONE POINT LESSON

miss を動詞として使う場合、その代表的な意味は「〜し損なう」「(乗り物などに) 乗り遅れる」ですが、「(今までいた人が) いなくて寂しい」という意味でも使います。I'll miss you.は送別の表現としてよく耳にするフレーズです。また miss には「(今まで手に入れることができたものが) 手に入らなくて辛い」という意味もあり、Do you miss Japanese food? (日本食が恋しいですか?)、What do you miss about Singapore? (シンガポールの何が恋しいですか?) といった使い方をします。

📤 1年の海外駐在を終えて帰国する際に同僚たちに

I'll miss you all, too.

僕も、みんなに会えないと寂しくなるなあ。

📤 週末よく食事に呼んでくれた友達に

I miss you and your cooking so much.

私はあなたとあなたの手料理がとっても懐かしいわ。

📤 離れて暮らすようになって1カ月の娘さんの話を聞きながら

I bet she already misses you.

彼女は、きっともうあなたのことが恋しくなっていますね。

📤 長期で単身赴任している同僚に

Do you miss your family?

家族に会えなくて寂しい?

ジェイソン&エイミーの もっと使えるフレーズ

I miss you like crazy.

会いたくてたまらない!

直訳すると、おかしくなるくらい、あなたのことが恋しい! という意味。ラブソングの歌詞にもありそうですね。相手を思う強い気持ちが伝わってくるフレーズですね。(エイミー)

31

Let's have a toast.

さあ、乾杯しましょう。

シャリーンが美佳のために予約したレストラン。
別れを惜しみ、カクテルグラスを合わせる二人…

松本 茂 先生の ONE POINT LESSON

ここで使われている toast は朝食などで食べる「トースト」でおなじみの単語ですが、「祝杯」「祝杯をあげること」という意味もあります。可算名詞なので a を伴って使います。動詞は have を使うことが多いですが、propose/make/give などと一緒に使うこともあります。Let's を使わず、Shall we make/have a toast?（乾杯しましょうか？）と言うことも可能です。Let's を使うのは、意見が一致しそうな提案、相手が反対しそうもない提案に限られるとインプットしておきましょう。

📤 乾杯の音頭を任された時の一言

I'd like to make a toast.

乾杯したいと思います。

📤 パーティーで乾杯の仕方を聞かれて

When we toast, we often clink glasses.

乾杯をする時には、グラスとグラスをチリンと鳴らします。

📤 結婚披露宴でスピーチをする時のキメの一言は…

I wish you everlasting love and happiness.

末永い愛と幸せを祈ります。

ジェイソン&エイミーの もっと使えるフレーズ

Raise your glass. Cheers!!

グラスを揚げてください。カンパーイ!!

パーティーシーンや祝い事などで使う乾杯の音頭では、このフレーズも一般的によく使われます。To Jason!（ジェイソンに乾杯！）や To his future!（彼の未来に乾杯！）などと言って人物を指す言葉を入れて乾杯の音頭を取るのもポピュラーな表現なんだよ。人の名前を入れると盛り上がるし、祝うという気持ちがより強く表れる気がするから良いよね。（ジェイソン）

32

Would you like to join us?

ご一緒にいかがですか?

シンガポールに来た日に乗ったタクシーの運転手と
再会した美佳。それなら3人で飲もうとシャリーンが…

松本 茂 先生の ONE POINT LESSON

Would you like ...? は「〜はいかがですか?」と申し出る時や、誰かに対して「〜なさいませんか?」と誘う時に使う表現です。丁寧な言い方ですので、おとなの英語表現としてマスターし、上手に使いましょう。使い方には、①「Would you like +物?」と②「Would you like +to 動詞の原形?」の2パターンがあります。例えば、①は Would you like some coffee?(コーヒーでもいかがですか?)、②は Would you like to come with us?(一緒にいらっしゃいますか?)という言い方をします。

📤 お皿が空いているお客様に料理のおかわりをすすめて

Would you like some more potatoes?

もっとポテトはいかがですか?

📤 周りの同僚たちにこれから一緒に来ない? とお誘い

Would you like to come?

一緒に来ない?

📤 クリスマス休暇を一緒に過ごす予定の恋人にさりげなく

Would you like to tell me about your Christmas wish?

君のクリスマスの願い事を教えてくれるかい?

📤 新年に向けて実家に集まる予定の兄弟に声をかけて

What would you like to do on New Year's Eve this year?

今年の大みそかは何をしたいのかな?

ジェイソン&エイミーの もっと使えるフレーズ

Would you like to try another color?

他の色を試してみますか?

お店で試着をしてみた時に店員さんが聞いてくる定番フレーズ。another size?なら「他のサイズを試してみる?」。単にanother one?(他のはいかがですか?)と聞かれることも。(エイミー)

第2章 シンガポール編2

COLUMN 2

〈 ジェイソン&エイミーのちょっと「!?」な話 〉

どう使うのか、お手本を見せて!

海外から訪れる外国人に対しては、ほとんどの人が優しく接するものです。日本に来る外国人も、海外に行く日本人もだいたい同じように良い経験をすると思います。何かわからないことがある時に、現地の人に聞けば教えてくれるのは、それがその人にとっても楽しい経験だから。自分の国の文化を、ちょっとでも外国の人とわかち合えるのは、皆、うれしいのですね。

日本に来て、何もわからなかった僕の周りにも優しい日本人がたくさんいました。彼らは僕に、ゆっくりと話しかけてくれたり、いろいろと親切に教えてくれたりしました。とても感謝です! サンキューでございます!

アメリカでは、あまり見かけない「お箸」には面白いエピソードがあります。初めて使ったのは高校の日本語の授業でした。学校の近くに一軒だけあった和食レストランにクラスの皆で行くことになったのです。メニューには初めて見るものもたくさん! おいしそうなものと、あまり食べたいと思えないものがありました。

頼んだ弁当が来たら、フォークがないことに気づき、僕はパニック! (箸って、どうすれば良い? どういう風に使うの?) 思わず Show me how to use them. と言いました。そしてウェイトレスさんに、優しく箸の使い方を教えてもらったんです。最初あまり上手じゃなかったけれど、箸を使わないと食べづらいのがわかったので、すぐに、何とか使えるようになりました。

あれから何と、20年も経っています (皆さん、今、年齢の計算をしたでしょう!)。今では僕自身も、箸の方が食べやすい食べ物があります。あの時、箸の使い方を教えてくれて、ありがとう!

僕は忘れてないよ〜!

これからも、困っている外国人に会ったら、皆、優しく教えてあげてね! いつか、その外国人が「ア・ナ・タ」になっているかもしれないしね!

◆ ジェイソン

第3章
香港編1

事情をきちんと説明できる
◆ フレーズ 33～36 / P.082～089

次に美佳が訪れたのは香港。香港在住の姉が、急な出張が入ったため飼い猫の世話を頼もうとファックスで呼び出したのでした。美佳の香港での生活は波乱含みの幕開けになりそうです。

故障した物を修理してもらえる
◆ フレーズ 37～40 / P.090～097

姉のアパートの鍵がどこにあるかわからなくなり、部屋の水道の蛇口が壊れ——。来て早々トラブルに見舞われる美佳を救ったのは、姉の部屋を管理する不動産業者のジョーでした。

情報を集めて居所をつきとめられる
◆ フレーズ 41～44 / P.098～105

ほっとしたのも束の間、今度は姉の猫が行方不明。わざわざ香港まで世話をしに来たのに…。初めて訪れた街でいなくなった猫を探すという難題を美佳は解決できるのでしょうか。

見物したり、レッスンを受けたりできる
◆ フレーズ 45～48 / P.106～113

やっと観光を楽しむ時間ができた美佳は、星光大道を歩いていてブルース・リーの銅像を見つけて感激。自然に体が動いてカンフーの型をしていたら、レッスンの誘いを受けました。

Do you know where she is?

彼女がどこにいるか知りませんか?

香港に降り立ち、やっとの思いで姉のアパートに
たどりついたが姉は留守。美佳はそこに現れた女性に…

松本 茂 先生の ONE POINT LESSON

ダイレクトに尋ねるのであればWhere is she? ですが、状況によってはぶっきらぼうに聞こえてしまいます。Do you know で始めれば少し丁寧に尋ねる表現になります。ただしその場合は … where she is? のように主語と述語を入れ換えなければなりません。誰の話なのか、何の話なのかがすでに相手にもわかっている時は、Do you know where?（どこだか知っているんですか?）/Do you know what?（何だか知っているんですか?）のように、疑問詞だけで文を終えることもあります。

↪ 同僚にサプライズのケーキをプレゼントすることになり…

Do you know where to get a cake?

どこでケーキを買えるか知ってる?

↪ 著者名が出てこない時の一言

Do you know who wrote *Snow Country*?

『雪国』は誰が書いたか知ってる?

↪ 恐竜は絶滅したんだよ、と自慢げに話をする弟に聞く

Do you know why they died out?

なぜ彼らが絶滅したか知ってる?

↪ 今日はボウリングナイトなのに、シャツが見当たらないんだ

Do you know where my bowling shirt is?

僕のボウリング用のシャツ、どこにあるか知らない?

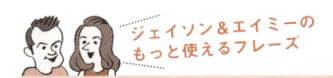

ジェイソン&エイミーの もっと使えるフレーズ

Do you know where Tsuruga Castle is?

鶴ヶ城がどこにあるか知ってる?

僕は福島県会津若松市にある鶴ヶ城が大好き。日本では"XXX-jo Castle"のように表記されていることが多いけど、僕はお城は XXX Castle と表記する方が好きだな。「鶴ヶ城城」となっちゃうから。(ジェイソン)

34

There must be some kind of mistake.

何かの間違いです。

美佳は姉がアパートの鍵を不動産業者に預けたことを知り、オフィスを訪ねて事情を話すが、預かっていないと言われ…

松本 茂 先生の ONE POINT LESSON

There must be ... は「〜に違いない」「きっと〜があるはずだ」という意味です。There must be a mis-take.（間違いに違いない）、There must be a reason.（理由があるに違いない）、There must be a better way.（もっと良い方法があるはずだ）のように使います。今回は a の代わりに some kind of ... を使っていますが、kind を単数形で使うと「ある種の」「何かの」「何らかの」といった意味になります。some kinds of ... と複数形にすると、「いくつかの種類の」という意味になります。

↪ 北海道旅行の計画を立てながら

There must be a lot of snow.

雪がたくさん積もっているはずだわ。

↪ 祖父が大事に持っている箱について兄弟で話していて

There must be a wonderful secret in his box.

彼が持っている箱には素晴らしい秘密があるはずよ。

↪ 旅行先の市場で見慣れない乾物を見つけて思わず一言

Is that some kind of food?

それって、何かの食べ物?

↪ 街で仮装しているような格好の若者に遭遇して

Does Japan have some kind of Halloween tradition?

日本にはハロウィーンの伝統のようなものはあるの?

> ジェイソン&エイミーの
> もっと使えるフレーズ

There must be some vegetarian options.

きっと何かベジタリアンメニューがあるはず。

option は「選択肢」。欧米では、お店で肉料理か野菜料理かを選べることが多いです。ベジタリアンの中でも、乳製品や卵も食べない人は、vegan（完全菜食主義者）と呼ばれます。(エイミー)

35

I was supposed to pick up her key here.

ここで鍵を受け取るはずだったんですが。

鍵を預かっていないと言われてオフィスを出た美佳は、
外でその不動産業者の責任者と鉢合わせになり…

松本 茂 先生の ONE POINT LESSON

be supposed to ... は「〜することになっている」ことを意味します。約束や習慣、決まり事などによって「自分の意思とは関係なく、そういうことになっている」「そう決まっているので」といったニュアンスを伝えることができます。言いにくいことを言う時にも、この表現を使うことがよくあります。また、Am I supposed to ...? のようにbe supposed to を疑問文で使うと、「〜することが義務づけられているかどうか」、あるいは「強く期待されているかどうか」を確認できます。

↪ パジャマデーって何をするの？ と聞かれて

You're supposed to wear cute pajamas to school.

かわいいパジャマを学校に着てくることになっているのよ。

↪ ヒーローインタビューで「緊張していませんでしたね」と言われて

We were not expected to win it.

僕たちは試合に勝つとは思われていなかったからね。

↪ 「今日のBBQでは何を焼くの？」と聞かれて

I was going to make grilled lobster.

ロブスターを網焼きにしようと思っていたんだ。

↪ 「今日はどんな映画を観るつもりだったの？」と聞かれて

We were going to see a scary movie.

私たち、怖い映画を観るつもりだったの。

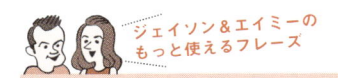

ジェイソン＆エイミーの もっと使えるフレーズ

I was supposed to wear a suit, but I forgot.

スーツを着るはずだったのに、忘れちゃったんだ。

何かをする予定になっていたという時に使うのが be supposed to。自分の意志でそうするつもりだ、というより、そういう決まり、予定になっている、という時に使われるんだよ。（ジェイソン）

36

Can I call you ... if anything comes up?

電話しても良いですか…何かあったら。

鍵が見つかり、ようやく姉の部屋に入れる美佳。
不動産業者の責任者から名刺をもらって…

松本 茂 先生の ONE POINT LESSON

この例文のポイントの一つは if anything comes up が付いていること。if（もし）は主たる文（今回は Can I call you?）の後ろに来て、日本語の文と比べると文頭に使わないことが多いのです。もう一つは something ではなく anything を使っていること。anything を選択することで、「ないとは思いますが、もし何かあったら」といったニュアンスが伝わり、「何もない」ことを想定している、つまり「電話をかけることはまずないだろう」「ご迷惑をおかけすることはないだろう」という考えを表しています。

↪ 不安げな顔をしている友達に一言

Is there anything wrong?

どうかしたの?

↪ 試験勉強で部屋にこもりっぱなしのルームメイトに声をかけて

If you need anything, please ask.

何か必要な物があったら、言ってね。

↪ コンペに向けて同僚たちとアイデアを出し合いながら

It's so hard to come up with good ones.

良いのを思いつくのはすごく難しいよ。

ジェイソン&エイミーの
もっと使えるフレーズ

You can ask me anything.

なんでも聞いてね。

You canを使って「〜しても良いよ」と言う表現は、後輩や新しい環境に不慣れな新入生、新社会人などにこう声をかけてあげれば感謝されること間違いなしの、頼もしいフレーズだよね。もし誰かに言ってもらったら、Thank you! とお礼を言って、遠慮せずにいろいろと聞いてみましょう! 質問を投げかければ、そこから会話がどんどん弾み、新たな発見があるかもしれないしね。もしあなたが言ってもらえたら、次は誰かに言ってあげてね。(エイミー)

37

I have a big problem.

大変なんですよ。

姉の部屋で問題発生。蛇口が壊れて、水が止まらない。
美佳は修理業者に電話をかけて…

松本 茂 先生の ONE POINT LESSON

突発的に生じた問題を誰かに説明する英語って、なかなか思いつかないものです。ただでさえ気が動転していますから、詳しい状況から説明しようとすると失敗します。まずは、I have a big problem. と言って、問題を抱えているという事実を相手に伝えることから始めましょう。そうすれば、言われた相手も対処がしやすくなるはずです。問題がそれほど重大でない、あるいは緊急性がない場合は big を付けずに、単に I have a problem. と言えば大丈夫です。

↪ 洗濯機が壊れて、明日仕事で着る予定の服が洗えない、という状況に

I'm going to be in trouble.

困ったことになります。

↪ エアコンの修理に今日は来てもらえなかったけど大丈夫。だって

It wasn't urgent.

急ぎではなかったわ。

↪ 同僚に「どうしたの？」と聞かれて

Well, I have a bit of a problem.

うん、ちょっと困った問題があるんだ。

↪ プロジェクトの問題点を会議で発表する

I think we have some big problems.

大きな問題があると思うんです。

ジェイソン＆エイミーの もっと使えるフレーズ

I have a problem with my room key.

部屋の鍵に問題があるんです。

ホテルでカードキーが使えないとか、鍵にまつわる困ったエピソードは誰でも一度はあるでしょう。そんな時はフロントに連絡してこう伝えよう。（ジェイソン）

38

I know you're busy, but I need your help.

お忙しいところ申し訳ないんですが、手を貸してもらいたいんです。

修理業者がすぐに来ないことがわかり、困った美佳は
名刺を頼りに、不動産業者のジョーに電話をかけて…

松本 茂 先生の ONE POINT LESSON

I need your help. というのは、手助けを求めるかなり直接的な表現です。何かを手伝ってもらいたい時、こう言えれば大丈夫。ただし相手や状況によっては、これだけを言うと驚かれるか、失礼な人だと思われかねません。そこで I know you're busy と最初に言うと、忙しいのはわかっているけれど、差し迫っていてしかたなく頼むというニュアンスになります。このように、相手の状況にも配慮していることを表現すると、おとなの英語に近づくことができます。

↪ 趣味で通っているフラダンス教室の話をしながら

I don't dance very well, but I love it.

私は、ダンスはあまりうまくないけど、大好きなの。

↪ 仕事が長引きそう……友達に電話をかけて

I'll come a little late, but I will be there.

ちょっと遅れるけど行くわよ。

↪ 新居でホームパーティーを開く時にみんなを誘って

If you're not busy, would you like to come to our housewarming party next Saturday?

お忙しくなければ、来週の土曜日の
我が家の引っ越し祝いに来ませんか?

↪ テニスの練習の前に少し相談したいことがある時の一言

I know you have tennis practice, so we will not take long.

テニスの練習があるんだよね。あまり時間は取らないよ。

ジェイソン&エイミーの
もっと使えるフレーズ

It's raining, but we will have fun!

雨は降ってるけど、きっと楽しいよ!

お天気だけはどうにもならないもの。だけど天気が悪いからって楽しい時間をだいなしにしてしまうかどうかは、結局のところ自分たち次第だと思う。have fun(楽しむ)の気持ちがあれば、雨なんて関係なく、どんどん遊びに行って楽しみたいよね。(エイミー)

39

The handle came off.

取っ手が取れちゃったの。

道具箱を持って駆けつけたジョーを部屋に入れ、
壊れて水が止まらない水道を見せて…

松本 茂 先生の ONE POINT LESSON

水道の蛇口の取っ手のことを英語で handle と言います。日本語で「ハンドル」と言うと自動車のハンドルを連想しますが、これは steering wheel と言います。自転車のハンドルは handlebar です。come off は「〜が取れる（はがれる）」という意味です。ここで使われている off は、離れていることを表現する言葉です。「メイクが落ちちゃった」は My makeup came off. で通じます。

↪ お金を入れてボタンを押しても何も出てこない自販機。これって…

I think it is broken.

壊れていると思う。

↪ 夜、家に帰ろうとして自転車に乗ってみたら

The light on my bicycle doesn't work.

僕の自転車のライトがつかない。

↪ 寝室のドアの取っ手が取れた、と言いながらトイレのドアを握って

It won't come off, will it?

それは取れないよな?

↪ ワインを洋服にこぼしてしまい、クリーニングに出す時の説明

After that, we washed them, but the color didn't come off.

その後で洗ったのですが、色が落ちなかったんです。

ジェイソン&エイミーのもっと使えるフレーズ

The remote control in my room doesn't work.

部屋のリモコンが使えないんです。

海外のホテルでリモコンの電池が切れていたり、壊れていたりして使えないと困るよね。そんな時はこう言って取り換えてもらえば良いんじゃないかな。リモコンは、the remote でも通じるよ。(ジェイソン)

40

Thank you so much for fixing my faucet.

蛇口を直してくれてどうもありがとう。

無事に修理が終わり、水が止まる。
道具を片付けたジョーに美佳が…

松本 茂 先生の ONE POINT LESSON

感謝の気持ちを伝える表現の Thank you so/very much. の後ろに for ... と続けると、何に感謝しているのかを相手にはっきりと伝えることができます。for の後には fixing my faucet のように相手がしてくれたことを表す名詞句か、あるいは名詞（例：the faucet）が続きます。fix は「〜を修理する」という意味でよく使う言葉です。また、Shall we fix a time and place to meet?（お会いする時間と場所を決めましょうか?）のように「（日時や価格などを）決める」という意味でも使います。

↪ パーティーに来てくれたお客様たちにご挨拶

Thank you for coming.

お越しいただきまして、ありがとうございました。

↪ 招待してくれたホストに会って最初に一言

Thank you for inviting us.

お招きいただき、ありがとうございました。

↪ プロジェクトの進捗について相談に乗ってくれた上司に

Thank you for your advice.

ご助言、ありがとうございました。

↪ いろいろとサポートをしてくれた先輩に対して

Thank you for everything.

いろいろとありがとうございました。

ジェイソン&エイミーの もっと使えるフレーズ

Thank you for your kind gift.

気持ちがこもった贈り物を、どうもありがとう。

プレゼントには、心を込めてお礼を言いたいですよね。感謝の気持ちを your kind gift で表現してみましょう。your thoughtful gift と言って相手の思いやりに言及しても良いですね。(エイミー)

41

What if she doesn't?

もし (戻って) こなかったらどうするの?

ジョーが道を歩いていると、猫を探す美佳の声。
心配する美佳に、そのうち戻ってくると答えるが…

松本 茂 先生の ONE POINT LESSON

What if ...? は「もし〜ならどうする?」と仮定の話をする時に使います。この表現は What if we bring her flowers?（彼女に花を持っていったらどうかな?）のように「〜してはどうかな?」と軽く提案する時にも使います。また、この表現が what-if という言葉となり、「仮定の話」という意味の名詞、もしくは「仮定の」という意味の形容詞として使われることがあります。例えば、Don't worry about what-ifs!（ああでもないこうでもないって心配するなって!）というフレーズになります。

↪ 明日はピクニック。お天気が気になるなぁ

What if it rains?

雨が降ったらどうなるの?

↪ 自分に割り当てられた仕事の説明を聞いて質問

What if I don't like my job?

もし、自分の仕事が気に入らなかったらどうすれば良いのですか?

↪ 好きな女性を映画に誘いたいけど

But what if she says "no"?

でも、もしも彼女の返事が「ノー」だったら?

↪ 勝てば決勝トーナメント確定だけど…

But what if I draw or lose?

でも、もし引き分けたり負けたりしたら、どうなるの?

ジェイソン&エイミーのもっと使えるフレーズ

What if they don't like me?

もし彼らが僕を気に入らなかったら?

誰かと初めて会う時って、緊張しませんか? 相手が自分を気に入らなかったらどうしよう、って不安になったりして。そんな時は、Don't worry. It will be all right! と自分を励ましてみたらどうかな?(ジェイソン)

42

Which way did she go?

どっちへ行きました?

仕事をしている男性に、猫を見なかったかと尋ねる美佳。
猫の特徴を聞いた男性は「さっきここを通ったよ」と答え…

松本 茂 先生の ONE POINT LESSON

Which way ...? はどちらの道(方向)かと尋ねる時の表現ですが、立場や形勢、進路などについて話をしている時にも使えます。Both sides argued very well. I really don't know which way I should go.(両サイドともとても良い議論をしました。どちらのチームを勝ちとすべきか非常に難しいです)、We need to closely watch which way the wind blows.(風がどちらに吹くか見極める必要がある)、I can't make up my mind which way to go.(どんな職業に就くべきか決められない)など。

↪ 待ち合わせの時間に戻ってこない友達が心配になって

I'm afraid she is lost.

彼女、迷子になったかもしれない。

↪ 具合の悪い後輩を駅から家まで送っていく

Which way is your house?

あなたの家はどっちの方向?

↪ 目当てのショップを探してあちこち歩き回って

Which way is the kitchen store?

台所用品店はどちらの方ですか?

↪ 駅から友人の家へ行く時

Which way is it?

どっちの方向?

ジェイソン&エイミーのもっと使えるフレーズ

Which way is North?

北の方角はどちらですか?

地図を見返しても、自分がどちらを向いているのかわからなければ歩きだせませんよね。旅先などで道がわからず迷ってしまうと、それだけで不安な気持ちになってしまいます。せっかく来たのだから、不安や迷いは消し去って楽しみたいでしょう? だから思い切って、怖がらずに Which way is ...? と声をかけてみましょう。(エイミー)

43

I have no idea.

さっぱりわからないわ。

男性から聞いた辺りを探す美佳とジョー。
それでも猫は出てこない。二人は途方に暮れて…

松本 茂 先生の ONE POINT LESSON

「わからない」ということを意味する表現はいくつもあります。最もよく使われる I don't know. は、相手の質問に関して「知識を持ち得ない」という意味です。I'm not sure. は「自信が持てない」と伝える時に使います。相手の質問にとりあえず答えたうえで、この表現を付け加えるといった使い方もします。I have no idea. は「さっぱりわからない」ということを伝える表現で、「見当もつかない」「推測できない」と言いたい場合に使います。途方に暮れている時にぴったりの表現です。

↪ 質問をされてポカンとしている同僚に向かって一言

No idea?

わからないの?

↪ 「今年の夏はどこに行こうか?」と質問されても…

Oh, I've got no idea.

ああ、全く思いつかないなあ。

↪ 「エミリーに恋人ができたんだって! 誰だと思う?」と聞かれて

I don't have a clue.

全くわからないわ。

↪ 子供たちへのクリスマスプレゼントは何が良いかを聞かれて

I have no idea what they want.

彼らが何を欲しがっているのか、まったくわからないわ。

ジェイソン&エイミーの もっと使えるフレーズ

I have no clue.

まるでわからないよ。

「何歳だと思う?」「誰が作ったと思う?」「どこに行ってきたと思う?」などと聞かれて、答えが全く思いつかない時によく使う。clue =「手がかり」、no clue =「手がかりなし」=「全くわからない」ってことなんだ。(ジェイソン)

44

Aren't you forgetting something?

何か忘れていない?

二手にわかれて猫を探す二人。美佳は聞き込みの途中で買ったエッグタルトに夢中になって…

松本 茂 先生の ONE POINT LESSON

疑問文で anything や any ではなく something や some を使うのは、相手から肯定的な返答を期待している時です。今回のフレーズも、こちらから You are forgetting something. と言い切ってしまう代わりに、わざと疑問文にして、肝心なことを忘れていると気づくように誘導しています。また、何か言うべきことを言っていない相手に発言を促す時には Aren't you forgetting to say something?（何か言い忘れていない？）という表現が使えます。言われるとドキッとしますよね。

▶ 出発前にもう一度持ち物を確認しながら

Just a minute, am I forgetting something?

ちょっと待てよ、僕は何かを忘れているかな?

▶ きょろきょろと辺りを見回している人に声をかけて

Are you looking for something?

何かお探しですか?

▶ 具合の悪そうな年配の人をベンチに休ませてから

May I get you something?

何か買ってきましょうか?

▶ 大事な書類がかばんに入ってないことに気づいて愕然

Why did I forget?

どうして忘れちゃったんだろう?

ジェイソン&エイミーの もっと使えるフレーズ

Did I forget to turn off the iron?

アイロン、消し忘れたかな?

いつも、家を出てからあれもこれもちゃんと消したかどうか心配になります。Did I turn off the light?(電気消したっけ)、TV?(テレビは)、AC?(エアコンは)…。あぁ、家に戻らなくっちゃ!(エイミー)

45

I'll check it out.

自分の目で確かめてみます。

星光大道を歩く美佳が、通行人に道の名前の由来を尋ねると、「向こうに行くとわかりますよ」と言われ…

松本 茂 先生の ONE POINT LESSON

check out と言えば、ホテルをチェックアウトすることを連想する人が多いでしょう。ホテルで「チェックアウトします」と言いたい場合は、I'm checking out./I'd like to check out. でOKですし、チェックアウト時間を尋ねる時には What time is checkout? と言います。一方、日本語でも「チェックする」と言うように、check には「〜を調べる」「〜を確認する」という意味があります。今回のフレーズには out が付いていますが、これによって「よく」といったニュアンスが加わります。

↪ 「評判のお店に行きたいけれど場所がわからないの」と言う友達に

I'll check with this map.

この地図で調べるよ。

↪ 手作り体験で作った陶器、どんな風に出来上がったんだろう?

Let's check it out.

さあ、見てみよう。

↪ 良い車を買ったらしいね、と尋ねてきた友達に意味深な一言を

Check it out for yourself!

自分で確かめてみなよ!

↪ いなくなった犬が見つかったらしいと言う連絡を受けた同僚に

Did you check it out?

確かめてみたの?

ジェイソン&エイミーの
もっと使えるフレーズ

Please check it out!!

ぜひチェックしてみて!!

何かを紹介する時の定番フレーズ、Please check it out!! 何かを調べるというより、音楽、番組、お店などのアイテムを「聴いてみて!」「観てみて!」「行ってみて!」とおすすめしたい時に使うんだ。
(ジェイソン)

46

I was just looking around.

ただちょっと見て回っていたところです。

同じアパートに住むリンに寺院で声をかけられた美佳。
「ここで何をしているの？」と聞かれて…

松本 茂 先生の ONE POINT LESSON

look around は、「辺りを見回す」というのが基本的な意味ですが、これから発展して「（あてもなく）見て回る」という意味でも使います。状況によっては、look around for someone I know（知っている人がいないか見回す）のように、何か目的を持って見回す（探す）という意味でも使います。さらに look around ... という使い方もあり、その場合は「〜を見て回る」という意味になります。ちなみに、イギリス英語では around を round に換え、look round と言うことが多いようです。

↪ 友達とバーゲンセールに出かけて

Let's just look around the store.

とにかくお店を見て回りましょう。

↪ なぜボールを3つ持っているのか、と聞かれて

I was just practicing my juggling.

ただ、ジャグリングの練習をしていただけだよ。

↪ 今忙しい? と声をかけられて一言

I'm just reading a book.

本を読んでいるだけだよ。

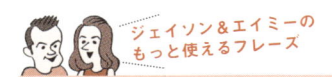

ジェイソン&エイミーの
もっと使えるフレーズ

I was just about to call you.

今ちょうど電話するところだったの。

just about to ... で「まさに今しようとしている」という表現になります。I was ... と過去形になると「しようとしていた」「するつもりだった」というニュアンスになります。電話しようと思っていた相手から電話がかかってきた…なんていう時、「まさにグッドタイミング! 今電話しようと思っていたの!」と、このフレーズを使って伝えましょう。タイミングが良い時って思わず嬉しくなってしまうから、その気持ちを相手に伝えたくなりますよね。(エイミー)

47

It's an honor to meet you.

お会いできて光栄です。

美佳は寺院を出て、カンフーの道場に行く。
今日は先生が直々に指導してくれることになり…

松本 茂 先生の ONE POINT LESSON

ゴルフをする人は、「オナー」という言葉をご存じでしょう。前のホールを一番良いスコアで終わった人が、次のホールで最初にティーショットを打つことができる名誉や光栄のことです。そのオナーは英語の honor のことで、「名誉」「光栄」という意味です。この単語を使った It's an honor to ... という表現は、「〜することは大変光栄です」という敬意を言い表します。公式な場で話をする際や社会的に地位の高い人と会った時などに使う、まさしくおとなの英語表現です。

↪ 海外から赴任してきた上司に初めて会って

It's a pleasure to meet you.

お会いできて光栄です。

↪ 会議で初めて会った人に

Pleased to meet you.

お目にかかれてうれしいです。

↪ ホストファミリーのところを初めて訪ねて

Nice to meet you.

お会いできてうれしいわ。

↪ 休暇中に訪ねてきてくれた会社の先輩に

It was a privilege to have you with us during the holidays.

休暇中にあなたに来てもらえて光栄だったわ。

ジェイソン＆エイミーのもっと使えるフレーズ

It was an honor to work with you.

一緒に働けて光栄でした。

僕はあちこちの現場に行っていろいろな人と働くことがとても好きなんだ。一緒に働けたことを感謝する気持ちを伝えたかったら、こう言ってみよう。相手もきっと喜ぶはず。(ジェイソン)

48

I think I'm starting to get the feel of it.

コツがつかめてきたようです。

カンフーの道場で先生と組み手を続ける美佳。
「なかなかよろしい」と褒められた美佳は嬉しそうに…

松本 茂 先生の ONE POINT LESSON

get the feel of ... の４つの単語はすべて中学校で習っています。優しい英語を使った慣用表現を使いこなしましょう。これは「～の感じをつかむ」という意味で「コツをつかむ」ということを表現する時にも使います。feel は「感じる」という動詞ですが、「感じ（感覚・雰囲気）」という名詞でもあります。同様の意味で get the hang of ... という、よりくだけた表現もあります。hang は「コツ」という意味です。また、I'm starting to ... は「～し始めている」ということを表現しています。

↪ 慣れない仕事に苦労している新入社員に一言

You'll get the hang of it.

コツがわかるようになるよ。

↪ 作業がなかなかスムーズに進まないことに焦りを感じて

Any tips for me?

何か良いアドバイスはない?

↪ ゴルフでまっすぐ球が飛んだ! うれしくて一言

I was just getting the hang of it.

ようやくコツがつかめかけてきたところだったの。

↪ 何度やっても失敗する友達を見かねて

I'll show you the ropes.

僕がコツを教えるよ。

ジェイソン&エイミーの
もっと使えるフレーズ

You'll get used to it.

そのうち慣れるよ。

get used to は「慣れる」という表現。toの後は名詞がきます。get used to your new life（新生活に慣れる）、get used to new things（新しいことに慣れる）などと使えますね。(エイミー)

COLUMN 3

ジェイソン&エイミーのちょっと「!?」な話

言葉って、進化していくのです!

　僕はアメリカの大学を卒業した後、日本へやって来ました。福島県の会津で中学校の英語の先生をする仕事が決まったからです。

　ただ、英語がネイティブでも、学校で「語学」の先生として務まるかどうかは、また別の問題ですよね。

　英語指導のアシスタントとして働きだした僕は、そこで初めて英語がどれだけ不思議なものか、ということに気づきました。

　正しく英語を使えるはずなのに、文法のルールなどの説明が全くできない自分に困ってしまうことがありました。毎日、授業に参加し、勉強しながら先生としての知識を少しずつ増やし始めたのです。同時に教科書にある英語と、僕たちが普段の生活で使っている英語がちょっと違う気もしていました。

　古い時代の日本語を今は使わないのと同じように、英語も変化しています。

　ファミリーで食事をしている時に、僕のおばあちゃんがしゃべる英語と、甥っ子が使う英語は全く違う! 意味が通じるか、通じないかギリギリ!? のところで、お互いにコミュニケーションを取っている感じなのです(笑)。

　例えば、ある話題について、甥っ子がLet's google it!と言ったとします。そうしたら、隣にいる僕がすかさずおばあちゃんに、He means to research it on the Internet. と説明してあげるような調子。

　英語を使う人同士でも通訳って必要なんですね…。

◆ ジェイソン

第 4 章
香港編 2

一人で街歩きを楽しめる
◆ フレーズ 49〜52 / P.116〜123

少し疲れを感じた美佳はフットマッサージへ。その後、日暮れの街を歩いていて占い師が集まっているエリアに入り、占い師から「誰かにプロポーズされますよ」と告げられます。

食事を楽しみながら親しくなれる
◆ フレーズ 53〜56 / P.124〜131

何度も助けてくれたジョーにお礼をしようと、美佳は食事をおごることに。料理を堪能しながら楽しいひとときを過ごす二人。そして別れ際、ジョーからデートを申し込まれます。

体調の異変に対応できる
◆ フレーズ 57〜60 / P.132〜139

前日のジョーとのランチで食べ過ぎたからか、美佳は激しい腹痛に襲われます。偶然部屋を訪れた隣人のリンさんに助けられて、漢方クリニックで診療を受けることになりました。

デートを楽しめる
◆ フレーズ 61〜64 / P.140〜147

そして待望のジョーとのデート。夜景の見える展望台でジョーは突然、愛の告白をします。美佳の運命を大きく左右するこの一言は、彼女の旅にどのような影響を及ぼすのでしょうか。

49

How do you say "it feels good" in Chinese?

「気持ち良い」って、中国語でどう言うんですか?

カンフーの稽古を頑張り過ぎた美佳は、足の筋肉に
張りを感じている。フットマッサージのお店に入り…

松本 茂 先生の ONE POINT LESSON

他言語での言い方を尋ねる定番の表現です。How do you say "..." in ...? というパターンで覚えておきましょう。in の後には言語の名称が入るので、フランス語なら French、アラビア語なら Arabic を続けます。似た表現に What is/are ... called in ...? と What do you call ... in ...? があります。これは具体的な呼び名を尋ねる表現で、What is this fish called in English?(この魚、英語で何て言うの?)のように使います。How の場合は say、What の場合は call と覚えておくと良いです。

↪ 野球の試合を観に行って

How do you say "katsu" in English?

「勝つ」は英語でなんて言うの?

↪ ハワイのすてきな景色を目の前にしたら思わず言ってみたくなり

How do you say "wonderful" in Hawaiian?

「素晴らしい」をハワイの言葉ではなんて言うの?

↪ この果物の日本での名前がわからない!

What is it in Japanese?

それは、日本語では何でしょうか?

↪ 見慣れていても英語での呼び名がわからない物を前にして

What are they called in English?

英語では、それらは何て呼ばれているのですか?

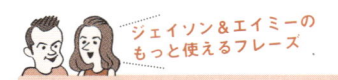

ジェイソン&エイミーの もっと使えるフレーズ

How do you say "thank you" in Hawaii?

ハワイではありがとうって何て言う?

ハワイには独特の言葉がたくさんある。Aloha!(こんにちは!)以外に覚えておくと便利なのが Mahalo!(ありがとう!)。Thank you. の代わりに使ってみて。地元の人も笑顔で返してくれるよ。(ジェイソン)

50

A little stronger, please.

もう少し強くしてください。

簡単な問診の後、マッサージが始まる。
「これ、痛みますか？」と力の加減を聞かれた美佳は…

松本 茂 先生の ONE POINT LESSON

動詞を使わずに、考えや希望を伝えることができます。今回の strong のように、音のまとまり（音節）が１つの場合は原則として er を付けます。音節が２つ以上の言葉の一部と、３つ以上の言葉には more を使います。音節の数は辞書で調べればわかります。例えば difficult はdif・fi・cultと表示されています。音節は３つなので difficulter ではなく more difficult となります。今回は a little を使って微妙な度合いを表現しましたが「もっと」と言いたい場合は、much か a lot を使います。

↪ 乗った電車が遅れているとの連絡を受けて

They'll be here a little later.

彼(女)らは少し遅れてくるわ。

↪ 気分が悪くなりしばらく横になって休んだ後に

I'm feeling a little better.

少しよくなった気がする。

↪ 時差ボケで昼間から眠いけど

Maybe I should stay awake a little longer.

多分、もうちょっと起きている方が良いわね。

ジェイソン&エイミーの
もっと使えるフレーズ!!

Can you drive a little faster?

もう少し急いでもらえますか?

a little faster とは「もう少し早く」という意味。緊急の用事でタクシーに乗っている時によく使います。待ち合わせや仕事に遅れてしまうのはよくないから、時間を気にしてついつい急かしてしまうけど、運転が乱暴になるのは困りますよね。急かしすぎて事故が起こったら大変だから、時間は早めに、ゆとりを持って行動しましょう。(エイミー)

51

Who is the best fortune-teller here?

ここで一番の占い師は誰ですか?

美佳は占い師のテントが立ち並んだエリアに入る。
この機会に自分も占ってもらおうと思って…

松本 茂 先生の ONE POINT LESSON

「誰がベストの〜ですか?」と尋ねる時に使うのが Who is the best ...? です。「誰が一番料理上手なの?」であれば Who is the best cook? となります。文頭の疑問詞を変えれば、表現の幅が広がります。例えば、What や When を使って、What/When is the best season to visit Okinawa?(沖縄に行くとしたらいつがベストですか?)、Where を使って、Where is the best place in the world to live?(住むのに世界で一番良い場所はどこでしょうか?)などと質問することができます。

↪ 小高い丘に恋人を案内して

This is the best place for fireworks.

ここは花火見物には最高の場所だよ。

↪ 「オイスターバーに行かないか？」と誘ってくれた同僚に

When is the best season to eat oysters?

カキの旬はいつ？

↪ 捜していた鍵を見つけてくれた友達に

You are the best friend in the whole world.

あなたは世界中で一番の友達よ。

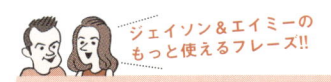

> ジェイソン＆エイミーの
> もっと使えるフレーズ!!

Where is the best place to buy shoes?

靴を買うのに一番良いところは?

最近は靴もいろいろなところで買えるようになったよね。普通の靴屋さんだけじゃなく、アウトレットやオンラインショップもあって、買える範囲が広がると商品の数も多くなるから迷ってしまいます。シーズンによって素材やデザインも変わるから、その度に毎回悩んでいる気がするよ。ブーツやスニーカー、サンダルなど、デザインもいろいろあるから本当に大変。どこで買うのが一番良いのか誰か教えてくれないかな？（ジェイソン）

52

I've always wanted to try it.

一度やってみたかったの。

名前と生年月日を記したノートを占い師に渡す。
占ってもらおうと思った理由を聞かれた美佳は…

松本 茂 先生の ONE POINT LESSON

I've always wanted to ... は「これまでずっと〜したかったけれど、したことがなかった」という意味です。try を他の動詞に換えると表現の幅が広がります。I've always wanted to go to one of his concerts.（彼のコンサートに前からずっと行きたかったの）のように使います。また、wanted の部分にその他の動詞の過去分詞を入れると、単に「今までずっと〜していた」という意味になります。I've always been in love with you. と言えば、「ずっと好きでした」という告白表現になります。

📤 長年思っていたことをようやく口にして一言

I've always thought so.

いつもそう思っていたわ。

📤 プロバスケット選手たちが履いているスニーカーに夢中で

I've always wanted to try those sneakers.

ずっと、あのスニーカーを履いてみたいと思っていたんだ。

📤 ケーキ作りの得意な友達に教えてもらえることになって

I've always wanted to learn how to make a Christmas log cake.

私はずっと、クリスマスのログ・ケーキの作り方を習いたいと思っていたの。

📤 大学は宇宙工学科を受験する！と宣言

Since I was very small, I have always wished I could travel in space.

小さなころから、宇宙旅行をずっと夢見てきたの。

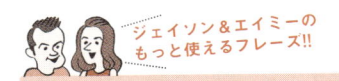

ジェイソン＆エイミーのもっと使えるフレーズ!!

I've always dreamt of a beach wedding.

ビーチウエディングをするのが長年の夢だったの。

dream of ...ing で「〜することを夢見る」という表現。dream の過去分詞形 dreamt【drémt】は発音に注意してください。dreamed と言っても良いですよ。真っ青な海に白い砂浜、大自然の中で結婚式を挙げるなんて、すてきじゃない!?（エイミー）

53

It's on me.

ごちそうするわ。

猫を捜してくれたお礼がしたくて、ジョーのオフィスを訪ねる美佳。「お昼を食べに行きましょう」と提案し…

松本 茂 先生の ONE POINT LESSON

人に何かをおごる時に使う定番の表現です。It の代わりに具体的な食事や食べ物を入れ、Lunch is on me today.（今日のランチは私のおごりね）と言うこともできます。あるいは、ごちそうになった後に Next time dinner is on me.（次回は私に夕飯をおごらせて）とか。似た表現に It's my treat.（私のおごりだよ）があります。I'll buy you …（〜をおごるよ）や Let me buy you …（〜をおごらせて）でも、おごることを表現できます。I'll buy you a drink.（一杯おごるよ）といった使い方をします。

↪ 5400円のお会計で3000円出してもらったので

The rest is on me.

残りは払います。

↪ 相手の手伝いをして一言

Then, lunch is on you today.

じゃあ、今日のお昼はあなたのおごりね。

↪ 彼女がプロポーズをOKしてくれた! 幸せだから今日は…

My treat!

僕のおごりだ!

↪ 前回はあなたがおごってくれたから…

This time it's my treat, okay?

今回は私のおごりだからね?

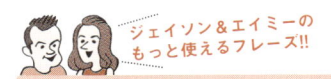

ジェイソン&エイミーの
もっと使えるフレーズ!!

Order what you'd like. Don't worry, I'll pay.

好きなもの頼んで。心配しなくて良いよ、おごるから。

「何でも好きなもの頼んで良いよ、おごるから」って、さらっと言えたらかっこ良いと思わない?「ここは私が!」「いやいや、私が!」とか、押し問答せずにスマートにおごったりおごられたりしたいな。(ジェイソン)

54

What's inside?

何が入ってるの?

飲茶レストランで、ジョーに注文を任せた美佳は
蒸籠（セイロ）に入った包子（パオズ）に興味津々…

松本 茂 先生の ONE POINT LESSON

中に何が入っているのかを尋ねる時に使う表現です。会話の流れから inside の後を省略していますが、省略しなければ What's inside the bun?（このパンの中身は何？）のように続けます。このように the/this/that box（箱）、these/those suitcases（スーツケース）といった語句を続けることで何の中身について尋ねているのか明確にできます。外側について尋ねたい時は outside を用い、例えば What's outside (of) the universe?（宇宙の外側には何があるの？）といった使い方をします。

↪ 小箱を大切そうに抱えて部屋へ入ってきた友達に

What's in that box?

その箱の中には何が入ってるの?

↪ バッグからはみ出している何かを指して

What is that in your bag?

君のバッグの中のそれ、何?

↪ 同僚が拳を握っているのを見て

What is in his hand?

彼の手の中には何があるの?

↪ 窓の外に見慣れない飛行物が見えて思わず一言

What's that outside?

外にある、あれは何?

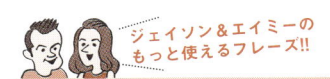

> ジェイソン&エイミーの
> もっと使えるフレーズ!!

What's on your mind?

今何を考えてるの?

おしゃべりしている相手がうわの空に見えたり、ふと黙り込んだ時に、こう聞いてみて。何か心配事がありそうに見える時にも使えるフレーズです。your mind につく前置詞が on となるところもポイント。(エイミー)

55

That was the best yum cha I've ever had.

今までで一番おいしい飲茶だったわ。

料理を食べ終わり、お茶を飲んでいる美佳とジョー。
美佳はすっかり満足した様子で…

松本 茂 先生の ONE POINT LESSON

That was the best ... I've ever had. は、「今までで一番素晴らしい〜だった」と感想を述べる時に使う表現です。I've ever had は、ここでは I've ever eaten と言い換えることもできます。食事が終わった後に言うのなら That was を使い、食事中なら This is/It's を使います。I've ever had と言うべき箇所を話し言葉では I ever had と言う人もいます。「今までの中でベスト３に入るホットドッグだった」と言いたい場合は This was one of the best three hot dogs I've ever had. と表現します。

↪ 友達の家で年越しパーティーをした後に一言

It was the best New Year's Eve.

今までで一番の大みそかでした。

↪ 会議で出た案のどれが良かったか、上司と話をする

His idea was the best solution.

彼の考えが一番良い解決策だった。

↪ 幼なじみが結婚式に作ってくれたビデオを見て

It is one of the best videos I have ever seen.

今まで見てきた中で、最高のビデオの1つです。

↪ 今日は台風接近で大荒れみたい

It's the worst baseball weather.

野球には最悪の天気だ。

ジェイソン&エイミーの
もっと使えるフレーズ!!

With the wind and rain, that was the worst picnic I've ever been to.

風と雨のせいで、今までで最悪のピクニックだったよ。

日本は梅雨もあるし、夏から秋は台風もよく来る。ピクニックやBBQみたいに外での遊びの時はいつもお天気が気になるよね。そんな時にはPlan B(第2案)を用意しておけば安心かも!?
(ジェイソン)

第4章 香港編2

56

It was much cheaper than I thought.

思っていたより、ずっと安かったわ。

デザートまで完食し、飲茶レストランを出た二人。
猫を捜してくれたお礼にと、食事代を払った美佳がジョーに…

松本 茂 先生の ONE POINT LESSON

　飲食の話をしている時に使う cheap には「安っぽい」という意味はなく、「(価格が) 安い」という意味です。cheap は 1 音節の言葉ですから、比較する時は cheaper となります。強調したい時には、much あるいは a lot などを付けます。It was much cheaper than I thought. は「私が思っていたよりも、ずっと安かった」という意味で、比較対象を明確にしています。「価格が高い」と思った時は It's expensive. と言います。「べらぼうに高い」と言う場合は It's outrageous. などと表現します。

地元のお祭りに連れてきてもらって興奮

The festival is bigger than I thought.

思っていたより大きなお祭りだね。

時刻表通りにバスが来たのでひと安心

The bus came earlier than I thought.

バスは思ったより早く来たよ。

返ってきた試験結果にひと安心して一言

My score was a lot better than I expected.

僕の点数は、思っていたよりもずっと良かった。

ジェイソン＆エイミーの
もっと使えるフレーズ!!

It's colder than I expected.

思ってたよりも寒いな。

ハワイはもっと暖かい場所だと思ってたのに…。これが、こっちに来る前にわかっていれば上着を持ってきたのに！　という時など、自分が予想していた通りではない場合に、こんな感じで使います。I thought としてもOKですが、expected を使うと事前に期待していた、予想をしていたというニュアンスになりますよ。
（エイミー）

57

I have a stomachache.

お腹が痛いの。

激しい腹痛に襲われる美佳。「料理を作りすぎたのでお裾分け」と言って部屋に来たリンに助けを求めて…

松本 茂 先生の ONE POINT LESSON

痛みを訴える表現はサバイバル英語として必須のものと言えます。その一つが I have a ... です。このパターンで表現できるものには stomachache の他に headache（頭痛）、toothache（歯痛）、backache（背中の痛み）、lower backache（腰痛）、sore throat（のどの痛み）などがあります。また、Does it hurt a lot?（すごく痛いの?）のように、hurt でも痛みを表現できます。My stomach hurts.（腹が痛い）、My eyes hurt.（両目が痛い）、My body hurts.（体が痛い）のように使います。

▶ 野球で走って転んじゃって…

I have a backache.

腰が痛いんだ。

▶ どうやら風邪を引いたみたいだ

My throat really hurts.

のどが本当に痛いんだ。

▶ 昨日、久しぶりに10キロ走ってみたら、今日は…

Oh, my muscles ache!

あー、筋肉痛だ!

▶ とってもおいしそうなシーフード、だけど

I'm allergic to shrimp.

僕はエビにアレルギーがあるんです。

ジェイソン&エイミーの
もっと使えるフレーズ!!

I walked so much that my legs hurt.

歩きすぎて脚が痛い。

アメリカは車での移動が多いけど、日本の人たちは本当によく歩くね。僕も日本に来たばかりの時は、たくさん歩いて筋肉痛になったりしました。「脚」=legs、「足」=feet のように微妙に違うので注意!
(ジェイソン)

58

I hate needles!

注射が大嫌いなの!

救急車を呼ぼうとするリン。美佳はうずくまり、「病院は嫌なの!」と言ってリンを困らせて…

松本 茂 先生の ONE POINT LESSON

「〜は嫌い」と言わざるをえない、そんな時は I hate ... を使います。dislike(嫌いです)より意味が強くなりますが、話し言葉では dislike より hate を頻繁に耳にします。hate は「とても〜したくない」という使い方もします。I hate calling you about something like this.(こんなことでお電話をしたくないのですが)や I hate having to say this to you.(あなたに、こんなことを申し上げたくないのですが)のように、言いにくいことを切り出す際の前置きとして使うことがよくあります。

↪ すっかり自信をなくしている友達に励ましの一言

Nobody is going to hate you.

誰もあなたのこと嫌ったりしないわよ。

↪ セールスレポートのデータ分析を任されそうになって

I'm so bad at math!

僕は数学がとても苦手なんだ!

↪ 点数が足りずに再試験が決まってがっくり

I never liked those tests!

あのテストは決して好きじゃなかったの!

↪ インターネットのコラムへの寄稿を頼まれて

I'm not good at writing.

私は書くことが得意じゃないのよ。

ジェイソン&エイミーの もっと使えるフレーズ!!

I detest cockroaches.

ゴキブリは大嫌いです。

detest も強い嫌悪感を表しますが、感情がこもった hate に比べると冷静で客観的な響きがあるので、目上の人と話す時にも使いやすいおとなの表現です。(エイミー)

59

I feel much better now!

すごく気分がよくなったわ!

リンは注射を怖がる美佳を漢方クリニックに
連れていく。疲労が原因と診断されて、つぼを押され…

松本 茂 先生の ONE POINT LESSON

「だいぶ回復した」ということを表す定番のフレーズです。I feel better. でも伝わりますが、much を使うとより回復していることになります。体調を崩した相手に「その後はどう?」と尋ねる場合は How do you feel now?（今、気分はどう?）、Are you feeling better now?（今、気分がよくなった?）と聞くのが良いでしょう。返事は Thank you. に続けて I feel better now. あるいは、But I'm still not feeling very well.（ただ、まだあまり調子がよくないです）などと言います。

📤 熱はあるけど…

I don't feel sick.

気分は悪くないよ。

📤 高熱が下がって回復した朝、思わず出る一言

I feel great!

最高の気分です!

📤 風邪を引いて寝ている子供に薬を飲ませて

You'll feel much better.

もっと気分がよくなるよ。

📤 残業続きでくたくた

I feel so tired.

とても疲れた感じ。

ジェイソン&エイミーの
もっと使えるフレーズ!!

I feel so much more refreshed now!!

あー、すっかり生き返った気分だ!!

睡眠時間を削って仕事をした後、死んだように寝て(slept like a log)、起きてシャワーを浴びた時なんか、思わずこんな風に叫びたくならない? でも、寝過ぎると余計に疲れちゃうよ。(ジェイソン)

60

How many many times a day should I take it?

1日何回飲めば良いんですか?

診療が終わり、痛みも治まって、待合室で漢方薬を受け取る美佳。看護師から用法と用量を教わって…

松本 茂 先生の ONE POINT LESSON

回数を尋ねる定番表現が How many times ...? です。後にa day（1日に）、a week（1週間に）、a month（1カ月に）、a year（1年間に）などを続けることで期間を区切ることができます。似た表現に How often ...? があります。ほぼ同じ意味ですが、こちらは「頻度」を尋ねる場合に使います。ですから返答は every night/every day/sometimes といった表現を含むことが多いです。今回のように薬などを服用する「回数」を尋ねたい時には、原則として How many times ...? を使います。

↪ 夏は各地のお祭りを巡るのが趣味と話す友達に

How many times do you go to festivals in the summer?

君は夏に何回お祭りに行くの?

↪ 学生時代にボクシングをしていたという同僚の武勇伝を聞きながら

How many times did you win?

何回勝ったんだい?

↪ 一晩寝たら風邪がすっかりよくなった!

I took all my medicine and slept a lot.

薬を全部飲んで、いっぱい眠ったから。

↪ 薬を飲んだら熱が下がり、ほっとして一言

The medicine worked.

薬が効いた。

ジェイソン&エイミーの もっと使えるフレーズ!!

How many times have you skydived?

何回スカイダイビングしたことありますか?

経験について聞く時には、How many times の後に have you ... と続けてくださいね。skydive はそのまま動詞になります。スカイダイビング、一度もしたことがないけど、いつかやってみたいな!(エイミー)

61

I'm going on a date!

デートなの!

リンがアパートの前を掃除していると、美佳が楽しげに
階段を下りてくる。「ごきげんね」とリンが言うと…

松本 茂 先生の ONE POINT LESSON

「デートに行く」と表現したい時は go on a date と言います。I'm going on a date with Joe.（ジョーとデートなの）のように「with＋人」を続けると相手が誰なのかを言い表せます。go out（with ...）も同様の意味で使われることがあります。例えば、I wouldn't go out with Shigeru.（私ならシゲルとは付き合わないわ）のように使います。date を動詞として使うと How long have you and Kate been dating?（あなたとケイトは付き合ってどのくらい?）という言い方ができます。

↪ 実は、会社の受付の女性と…

We go out sometimes.

僕たち、時々デートするんだ。

↪ 定時が待ちきれない！だって

I have a date tonight.

今夜はデートなんだ。

↪ 「おいしいワインを飲みに行きませんか？」と言われて

Are you inviting me on a date?

私をデートに誘ってるの？

↪ 友達からカップルでパーティーに来ないかと誘われたけど…

Unfortunately, we are too busy to date right now.

残念だけど今、私たちは忙しすぎてデートできないのよ。

ジェイソン＆エイミーの
もっと使えるフレーズ!!

He is going on a date to Yokohama.

彼は横浜にデートに行くんだよ。

Where are you going this weekend?（今週末はどこに行くつもりかな？）東京周辺には良い場所がたくさんあるけれど、横浜も雰囲気があってデートにはおすすめの場所だよ。（ジェイソン）

62

Move a little to your left.

あなたの左にちょっと動いて。

海の見える展望台で記念撮影をする二人。
カメラを構えた美佳が、ジョーに立ち位置を指示して…

松本 茂 先生の ONE POINT LESSON

move は人に動くように指示する際にも使える言葉です。対象が人の場合には、Step back, please.（後ろに下がってください）のように、step も動詞として使えます。どちらの方向に動くかについては、次のような言葉を使います。forward（前に）、back/backward（後ろに）、aside（脇に）to your right（あなたの右に）、to your left（あなたの左に）、diagonally forward left（左斜め前に）、diagonally backward right（右斜め後ろに）、diagonally backward left（左斜め後ろに）など。

↪ ビデオチャットをしている相手に「よく見えない」と言われて

I'll move closer to the video camera.

ビデオカメラの近くに動くわ。

↪ 年末恒例の床の大掃除を始める前に

We have to move the furniture before we clean the floor.

床を掃除する前に家具を動かさなくてはならない。

↪ 事故現場に集まった人たちに警察から指示が

Please step back.

下がってください。

↪ ダンスの振り付けがなかなか覚えられず四苦八苦

Right hand up, left hand up, step forward, step back…

右手を上げて、左手を上げて、前へ進んで、後ろに下がる…。

ジェイソン&エイミーの もっと使えるフレーズ!!

Can we move all the plants outside?

この植物、全部外に出して良い?

Can we …? は、二人ですることについて聞く表現。同居している妹が育てている観葉植物のせいで、私は時々鼻がむずむずするので、そんな時は二人で全部の鉢をベランダへ大移動!（エイミー）

63

That's why I took this long vacation.

それで長期休暇を取ったってわけ。

遊歩道を歩いている美佳とジョー。美佳は、
日本の職場の人間関係で悩んでいたことを打ち明け…

松本 茂 先生の ONE POINT LESSON

That's why ... は、前に説明したことを元に結論づける時や、前に説明した事実などによる結果としての物事や言動などを説明する時に使える言い回しです。これはThat's the reason why ... の the reason が省略されたもの。次の例文にある why の代わりに because を使うと、理由や原因を説明することができます。I took this long vacation. That's because I'm having some problems with my boss.（上司といろいろうまくいってなくて。それで長期休暇を取ったってわけ）

↪ 自分の発言の理由を説明し終わった後に

That's the reason why I said it.

それが、僕がそう言った理由だよ。

↪ おせち料理の説明を外国人に求められた時に

That is why so many people eat these beans during the New Year.

お正月にこの豆を食べる人がたくさんいるのは、そのためなんだ。

↪ 彼女が試験に合格したと聞いて

That's why she looked happy.

それで、彼女うれしそうだったんだな。

↪ 大きな契約を取って大喜びで一言

That's because we're a great sales team!

だって私たち、優秀な営業チームだもの!

ジェイソン&エイミーのもっと使えるフレーズ!!

That's why I can't eat sushi.

だから僕は寿司が食べられないんだ。

僕は日本が大好きだけど、残念ながら寿司が食べられない。僕の出身地、ネブラスカには海がなくて、生魚を食べる習慣もなかったからかなぁ? But, I love KATSUDON!（ジェイソン）

64

It's such a big decision to make.

あまりにも大きな決断だわ。

展望台で夜景を眺める。ジョーは美佳に愛を告げ、
「香港に残ってほしいんだ…僕と」と切り出すが…

松本 茂 先生の ONE POINT LESSON

It's such a/an ... to ... は「〜するのはとても〜である」という意味になります。such a/an の後の...には「形容詞＋名詞」または「名詞」が入ります。It's such a beautiful day to go hiking.（ハイキングに行くには素晴らしい日です）や It's such an honor to meet you.（お会いできてとても光栄です）のように使います。今回の名詞はdecisionですので形容詞は big の他に、simple（簡単な）/difficult（難しい）/sudden（急な）/hasty（慌てた）/very nice（素晴らしい）などが使えます。

▶ 真っ青な空を見上げて一言

It is such a beautiful day.

とても良い天気の日だね。

▶ 毎日定時でオフィスから姿を消す同僚のうわさをしながら

She is such a mystery!

彼女って本当にフシギ!

▶ 理系の質問には何でも答えてくれる友達の話になって

He's such a "brain" at science.

あいつは理科の天才だからね。

▶ すぐに機嫌が悪くなる高校生の娘に母親が肩をすくめて

She's at such a difficult age.

彼女は本当に難しい年ごろだから。

> ジェイソン&エイミーの
> もっと使えるフレーズ!!

He is such a great guy!

彼って、なんて良い人なの!

great の前に such a をつけることで、感動の大きさが伝わります。誰かの親切な振る舞いや立派な行いに感心した時に、素直に賞賛の気持ちを表現できるフレーズ。(エイミー)

{ ジェイソン&エイミーのちょっと「!?」な話 }

日本食はとってもヘルシー

　先日、イギリスから友達が日本へやってきました。彼にとっては初めての日本、すてきなところを全部見せてあげたい！と私は大張り切り。神社やお寺などの歴史的な建物、最先端の洗練された都市部や庭園…。

　でも一つだけ、ちょっと苦労したことが。普通、日本を訪れたら日本料理は大きな楽しみのはずなのに、実は彼は厳格なベジタリアン。肉はもちろん、魚や乳製品も全く食べません。築地でおいしいお刺身を食べられないなんて、かなりショック！

　レストランに入り、彼にThere must be some vegetarian optionsとは言ったものの、それが難しかった…。日本食では出汁も魚でとるんですものね。結局、ベジタリアン向けの料理を出している店をインターネットで調べ、一軒の和食屋さんへ。普段はお肉や魚派の私ですが、そのお店の料理は最高でした！おいしいし、とってもヘルシー。日本料理では、本当にいろいろな種類のお豆やお米、野菜を使うんですね。この健康的な日本食をもっと世界に広めたい！

　日本食と言えば、イギリスに住んでいた時のこと。日本食材店で大好物の納豆を見つけ、食べさせてあげようと友人の家へ持っていったものの、冷蔵庫に入れたまますっかり忘れて帰ってきてしまった私。ちなみに納豆は英語ではfermented beans（発酵した豆）。でも、初めて見る外国人はrotten（腐ってる）と思うみたい。日が経ち、冷蔵庫の納豆は発酵が進み、臭いが漂い始め…友達はその悪臭に恐れおののいたのでした。

　私は納豆が大好きですが、外国の人にはあまり受けがよくないみたい。なんでかな？　臭いのせい？　あるいはあのslimy（ねばねば）な感触のせいかも。健康オタクの私は、ヘルシーなものを教えてくれたら何でも試しちゃうけどね！

◆ エイミー

第5章
タイ編1

旅先から手紙を出せる
◆フレーズ65〜68 / P.150〜157

ジョーに告白された美佳は、はっきりした返事ができないまま、タイへと発ちます。考える時間が欲しくて香港を去った美佳でしたが、バンコクのカフェでジョーに手紙を書きます。

知りたい場所について尋ねられる
◆フレーズ69〜72 / P.158〜165

近況と気持ちを伝える手紙を出した美佳は、電車でマーケットに出かけます。そこでロシア人バックパッカーのケイトから道を尋ねられ、地図を見ながらさまよううちに意気投合。

旅先で知り合った人と観光ができる
◆フレーズ73〜76 / P.166〜173

ケイトの宿を見せてもらったり、露店で髪を編んだり、寺院を訪れたり、美佳はケイトと観光を満喫。しかし、せっかく親しくなったケイトは、次の日にバンコクを離れてしまいます。

連絡を取って初対面の人と会うことができる
◆フレーズ77〜80 / P.174〜181

美佳は、ケイトのバックパッカーらしい生き方に心を動かされたようです。そんな美佳に、またも姉からのメッセージが。友人のアーニーに会って彼女のボランティア活動を手伝えと。

ボランティア体験ができる
◆フレーズ81〜84 / P.182〜189

アーニーのボランティアは象の世話をすることだと知った美佳は大喜びで同行し、象との対面を果たします。最初はおっかなびっくりの美佳でしたが、徐々に打ち解けていきました。

65

I'm writing to you from Bangkok, Thailand.

タイのバンコクからお便りしています。

カフェでジョーに手紙を書く美佳。「一人で考える時間が欲しかったのです」と思いを伝えようとするが…

松本 茂 先生の ONE POINT LESSON

手紙や電子メールの冒頭によく使う決まり文句の一つが、I'm writing ... です。旅先からこの表現を使って I'm writing to you from ...（toは省くこともある）と書けば、自分が現在訪れている場所を知らせることができます。この I'm writing ... という書き出しは、手紙やメールで用件を切り出す時にも使えます。例えば、I'm writing now in order to ask a big favor of you. と書けば、「お願いしたいことがございまして、今こうしてお便りしております」といった意味の表現になります。

↪ ちょっとロマンチックな気分で

I'm writing this letter to you on an airplane.

あなたへのこの手紙を飛行機の中で書いています。

↪ 旅先から出すポストカードの最後に一言

I'll write again soon.

また、すぐにお手紙を書きますね。

↪ 旅に出る友達にかける一言

Drop me a line sometime.

時間のある時にでも連絡をちょうだいね。

ジェイソン&エイミーの もっと使えるフレーズ!!

I'm typing this email from the train.

電車の中でこのメールを打っています。

最近は手紙やポストカードを書くより、写真付きメールを送ったり、SNSにアップロードしたりする方が多そうだね。メールだったら便箋や封筒、切手もいらず、携帯電話やパソコンなどがあればOKだから手軽に送れて便利だしね。わざわざポストを探して投函するということもないし。でも僕は手紙、大好きなんだ。時間をかけた分、気持ちもこもるし、より思いが届く気がする。Nobody sends snail mail anymore?（もう誰も"カタツムリメール＝従来の郵便"を送らないのかな？）（ジェイソン）

Do you have some glue I can borrow?

のりをお借りできますか?

美佳は書き終えた手紙を封筒に入れ、その封筒に
のりがついていないことに気づいてウエイターを呼び…

松本 茂 先生の ONE POINT LESSON

何かを借りたい場合、Do you have ... I can borrow? という表現を使います。「のりを持っていますか?」は Do you have some/any glue? と言います。Can I borrow some glue? は単刀直入に「のりを借りられる?」という意味になります。Do you have some glue I can borrow? という尋ね方は「(もしお持ちであれば) のりを借りられますか?」といったニュアンスを表現します。もっと丁寧に尋ねたい場合は Do you happen to have some glue I could borrow? と言えば大丈夫です。

↱ ペンが見つからないと騒いでいる同僚に声をかけて

You can borrow mine.

私のを貸してあげるから。

↱ 暴風雨の中、傘がひっくり返って困っている人を見かねて

Shall I lend you one?

私が貸しましょうか?

↱ 折りたたみ自転車を持っている弟にお願い

Can I use your bike next Sunday?

今度の日曜日、自転車を借りても良い?

↱ 「映画は映画館で観たい!」と宣言した後に

I don't like renting videos.

ビデオを借りるのは好きじゃないんだ。

ジェイソン&エイミーの もっと使えるフレーズ!!

Can you lend me your blue dress tomorrow?

明日、青いドレスを貸してくれない?

よく服やアクセサリーの貸し借りをする私と妹。ワンピースを貸す (lend) 代わりに、ネックレスを借りる (borrow) ね、なんてしょっちゅうです。姉妹って、本当に便利!(エイミー)

67

Where can I mail this letter?

この手紙はどこで出せますか?

ジョーへの手紙を投函したい美佳は、カフェで支払いを済ませると、ウェイターに「ところで——」と切り出して…

松本 茂 先生の ONE POINT LESSON

Where can I ...? は「どこで(私は)〜できますか?」を表現する時に使います。もちろん I を we/they/he/she などに置き換えれば、応用範囲が広がります。今回の「...」にあたる mail this letter の mail は「手紙を出す」「投函する」「郵送する」といった意味です。イギリス英語では同じ表現でも、主に post を使います。郵便ポストは、アメリカ英語では mailbox、イギリス英語では postbox と言います。「投函する」という意味なら put the letter in a mailbox/postbox という表現も使えます。

↪ 本はいつ送ってくれるの？と妹に聞かれて

I will send it this week.

今週送るわね。

↪ お昼休みに郵便局に行かなくてはなりません。なぜなら…

I need to buy some stamps and mail this letter.

切手を買ってこの手紙を郵送する必要があるの。

↪ サマーキャンプで一緒だった仲間に写真を郵便で送る

Yesterday she mailed the photographs from camp.

彼女はキャンプの写真を昨日郵送した。

↪ 旅先で出会った人との別れ際に

I'll send you email messages and photos.

メールと写真を送るよ。

ジェイソン＆エイミーの もっと使えるフレーズ!!

How much is it to mail this letter?

この手紙を出すのにいくらかかりますか？

アメリカには Forever という面白い切手があって、これをまとめ買いしておくと、将来料金が変わっても追加料金を払わずに手紙が送れるんだよ。実は僕も最近知ったんだけどね。
（ジェイソン）

68

Is it okay to put it in here?

ここに入れても大丈夫ですか？

ポストに "OTHER PLACES" と "BANGKOK" という
2つの投函口があるのを見た美佳は…

松本 茂 先生の ONE POINT LESSON

Is it okay to ...? は、〜しても問題ないかどうかを尋ねる時に使う、ややくだけた表現です。okay の代わりに all right を使っても同じ意味になります。〜するのが誰であるのか特定したい場合には、Is it okay for me to ...? のように for 〜を挿入します。Is it okay to ...? は Can I/we ...? と意味が似ていますが、Can I/we ...? に許可を求めるニュアンスがあるのに対し、Is it okay to ...? には必ずしもそれがありません。今回は尋ねる相手が通行人なので Can I ... を選択しませんでした。

↪ エアメールの住所は日本語で書くべき？と海外の友達に聞かれて

It's okay to write in English.

英語で書いても大丈夫ですよ。

↪ 現代アート展でフロアに置かれた美術品を前に

Is it really okay to touch them?

本当に触っても良いの？

↪ 初めておそばをすする外国人が

Is it okay to make a noise?

音をたてても良いの？

↪ 新車の展示会場で

Is it okay to sit in it?

中に座っても良いの？

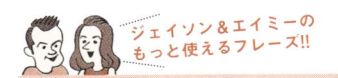

> ジェイソン＆エイミーの
> もっと使えるフレーズ!!

Is it okay to take pictures here?

ここで写真を撮ってもい良いですか？

美術館や貴重な遺跡などでは写真撮影禁止のこともあるので、係の人に確認を。Sure.（もちろん）、No problem.（かまいません）、Go ahead.（どうぞ）などと返ってくれば大丈夫です。（エイミー）

69

At which station should I get off?

どの駅で降りれば良いかしら?

美佳は高架鉄道の路線図を見ても、どうやって目的地に行ったら良いのかわからない。それで通りがかりの人に尋ねて…

松本 茂 先生の ONE POINT LESSON

電車やバスなどを「降りる」という表現は get off を使い、「この駅で降りれば良いのかしら?」は Should I get off here?/Should I get off at this station? などと言います。どの駅かを教えてもらうには、At which station を文頭に使えば OK。At which station＋should I get off? と、これらの表現をごく単純に合わせたのが今回のフレーズです。駅や停留所の話だとわかっている状況であれば、At which station の代わりに Where を使い、Where should I get off? と尋ねても構いません。

↪ 「次の鎌倉行きの電車は何番線に到着しますか?」と聞かれ

The next train to Kamakura is arriving on platform 2.

鎌倉へ行く次の電車は、2番線に着きます。

↪ 「あとどれくらいで鎌倉駅に着きますか?」という質問に答えて

Kamakura is the next stop.

鎌倉は次の駅だよ。

↪ あれ、乗り過ごしちゃったかも!?

Wasn't that our stop?

今のは私たちが降りる駅じゃなかった?

↪ 「あなたたちはどこで降りるんですか?」とバスの中で聞かれて

We're getting off at the next stop.

私たち、次の停留所で降りるのよ。

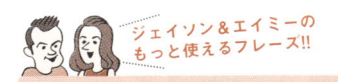

ジェイソン&エイミーの もっと使えるフレーズ!!

My station is the next stop.

僕は次の駅で降ります。

my station は住んでいる家の最寄り駅の他に、これから降りようとしている、目的地の駅のことでも大丈夫。I missed my station!!（乗り過ごしちゃった!!）にならないように、居眠りには気をつけよう。(ジェイソン)

Where are we on this map?

ここって、この地図でいうとどこですか?

マーケットの入り組んだ路地を興味津々で見て歩く美佳に、旅行者のような女性が話しかけてきたが…

松本 茂 先生の ONE POINT LESSON

初めての土地では道に迷ってしまうことがあります。迷った時は I/We got lost. と言います。同行者がいれば、その人に「ここ、どこ？（私たちはどこにいるの？）」と尋ねることもあるでしょう。そんな場合は Where are we? と言えばOKです。地図を使って「この地図上では」どこなのか、と尋ねるには on this map を付けてください。もし、目的地までの道順が地図に示されていて、その通りに行こうと提案するのであれば、Let's follow the route on the map. と言うことができます。

↪ 通りかかった地元の青年に尋ねて

Can you tell me the way to the post office?

郵便局までの道を教えてくれますか?

↪ ガイドブックの詳細な地図を確認しながら

Let's follow the route on the map.

地図の順路に従いましょう。

↪ 道順の説明にピンと来ていない観光客グループに

I'll draw a map for you.

君たちに地図を描いてあげるよ。

↪ 手書きの地図を見て、ますます混乱してしまい…

Your map is so bad, we got lost!

あなたが描いた地図がひどすぎて、
私たち迷子になっちゃったのよ!

> ジェイソン&エイミーの
> もっと使えるフレーズ!!

I'm bad at reading maps.

地図見るの、苦手なんだよね。

bad at(苦手です)は good at(得意です)のちょうど逆。at の後に続く動詞は …ing の形です。ちなみに、英語では地図は読む(read)もの。面白いですね。(エイミー)

71

This must be the place you're looking for.

探しているのはここに違いないわ。

美佳に声をかけた女性はシルクの店を探している。
二人で地図を頼りに探し歩いて、迷った末にやっと…

松本 茂 先生の ONE POINT LESSON

This must be ... は「これは〜に違いない」という意味です。This must be the place you're looking for. は This must be the place と You're looking for ...（あなたは〜を探している）という2つの要素を合わせたもので、「あなたが探している場所はここに違いない」という意味になります。you're を I'm や we're に変えることで表現の幅が広がります。誰かと一緒に特定の店や建物、公園などを探している時、ここではないかと思われる場所を見つけたら、この表現を使ってみてください。

↪ バッグの中身を取り出して何かを探している同僚に

What are you looking for?

何を探しているの?

↪ 街中で「何を探しているの?」と聞かれて

I'm looking for the post office.

郵便局を探しているんです。

↪ バスの中から外の景色を眺めながら

This must be Oxford.

これがオックスフォードに違いないわ。

↪ ようやくたどり着いた隠れ家レストランで

It took me a long time to find this place.

この場所を見つけるのにずいぶん時間がかかったんです。

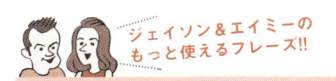

ジェイソン&エイミーの
もっと使えるフレーズ!!

Are you looking for this?

これを探してたの?

「探す」には look for の他に search for という言い方もあるよ。探す対象は人やモノだけでなく、人生とか愛とかでも良いんだ。
(ジェイソン)

Where in Bangkok are you staying?

バンコクのどこに泊まってるの?

歩きながら互いに自己紹介をする二人。女性の名前は
ケイトでロシア出身。美佳はケイトに興味を抱き…

松本 茂 先生の ONE POINT LESSON

滞在先を尋ねる表現は Where are you staying? のように、基本的には現在進行形を使います。住んでいる場所を尋ねる時は Where do you live? と、現在形を使うのが一般的です。今回のように「バンコクのどこか?」と尋ねるには Where in Bangkok ... と始めます。日本語とは語順が違う点に注意しましょう。「カナダのどちらの出身ですか?」と尋ねる場合は Where in Canada are you from? と、「日本のどこに住んでいるの?」と聞く時は Where in Japan do you live? と言います。

↪ 1年の海外留学が決まって先生に報告

I'm staying with a family there for one year.

1年間、あるご家族のところに滞在するんです。

↪ 市立図書館で外国人と知り合いになって

Are you staying in Japan long?

日本には長く滞在されているのですか?

↪ ずっとテキサスで暮らしているという老人に尋ねて

Where in Texas do you live?

テキサスのどこに住んでいるのですか?

↪ 詳しい待ち合わせ場所について確認

Where in the park shall we meet?

公園のどこで会いましょうか?

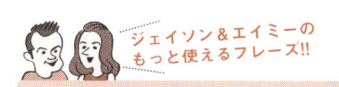

> ジェイソン&エイミーの もっと使えるフレーズ!!

Where in Japan are the best hot springs?

日本で一番良い温泉はどこ?

なんて、たくさんありすぎて難しい質問ですね! でも、hot springs と複数形なので、何箇所か答えても大丈夫。1つなんて、選べないですものね!(エイミー)

73

What is it like to be a backpacker?

バックパッカーってどういう感じなの?

ケイトはバックパッカー。美佳はケイトが泊まっている
カオサン通りのゲストハウスを訪れ、素朴な質問を…

松本 茂 先生の ONE POINT LESSON

What is it like to be ...? という疑問文は、会話の幅を広げる時に役立つ表現の一つです。相手がしていること、役職や役割などについて感想を求める時にも使えます。例えば、課長になったばかりの知人に、What is it like to be a manager?（課長ってどういう感じなの?）と尋ねることが可能です。返答は、(For me,) it's like being ...（～のようです）のパターンでOKです。これから何かになる人に対しては How do you feel about ...? で、現在の心境を尋ねることができます。

↪ 「ネブラスカに住んでいたんだよ」と聞いて質問

What is it like there?

そこってどんな感じ?

↪ 待ち合わせ場所に指定した銅像について

It's like Hachiko in Shibuya.

渋谷のハチ公みたいなものよ。

↪ 子供に将来の夢を聞いてみる

What do you want to be?

あなたは何になりたいの?

↪ アイドルグループが好き! と言う友達に一言

What do you like about them?

彼らのどこが好きなの?

ジェイソン&エイミーの
もっと使えるフレーズ!!

What is it like living in Japan?

日本に住むってどんな感じ?

What is it like … ? は「〜ってどんなところ?」と聞く時の定番フレーズ。日本に来たことがないアメリカの友達によく聞かれるんだ。答えはもちろん It's fantastic !（ジェイソン）

Do you mind?

良いかな?

露店で髪を編むことにした美佳だが、仕上がりまで30分かかる。美佳はケイトを待たせることを気にして…

松本 茂 先生の ONE POINT LESSON

今回の訳は「良いかな?」としていますが、直訳すると「気にする?」となり、迷惑ではないかと尋ねた一言です。質問する際は Do you mind の後に言葉を続けると表現の幅が広がります。Do you mind if I sit here?(ここに座っても良いですか?)とか Do you mind my/me sitting here?(ここに座っても良いですか?)と聞くことができ、答えは No, please do.(良いですよ、どうぞ)、Sorry, this seat is taken.(すみません、この席はもうお座りの方がいまして)などになります。

📤 友達に本を返す約束を明日に延ばして欲しくて…

You don't mind?

いいの?

📤 採用試験の面接で面接官から

If you don't mind, I'd like to ask you a few questions.

もしよろしければ、いくつか質問をしたいのですが。

📤 パーティーで上着を預かりましょうかと聞かれて

Actually, I'll leave it on, if you don't mind.

もしよろしければ、着たままでいます
(つけたままにしておきます)。

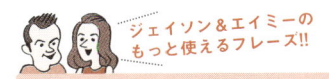

> ジェイソン&エイミーの
> もっと使えるフレーズ!!

Do you mind waiting five more minutes?

あと5分待ってもらって良い?

時間を変更したいと言われたり、待ち合わせに遅れるなどの連絡があったりした時に伝える方法。「良いよ」と返事をする時は No, I don't. または Not at all.(全然かまわないよ)でも良いですね。簡単だからといって Yes と答えると「だめ」という意味になってしまうので要注意。予定があったり、急用ができてしまった時など、実際に断りたい時も、Sorry, but I have no time. など、気配りのある表現にしたいですね。(エイミー)

75

Are we allowed to take pictures here?

ここで写真を撮っても大丈夫なのかしら?

仏教寺院を訪れる二人。巨大な寝釈迦仏(涅槃に入るブッダの像)を前にして、美佳は興奮した様子で…

松本 茂 先生の ONE POINT LESSON

We are allowed to ... は「〜することを許可されている」という意味です。疑問文は Are we allowed to ...? で、規則などを尋ねる時に使われます。Do you think we are allowed to ...? でももちろんOKです。動詞の allow は、「allow + 人 + to ...」のパターンでもよく使います。me や us を使って、Please allow me to introduce our president.(弊社の社長をご紹介してよろしいでしょうか)と言うと、少々かしこまった表現になります。allow は「アロゥ」ではなく「アラゥ」のように発音します。

▶ 演劇部の練習を中庭でしたい時

Can we practice acting outside?

外で劇の練習をしても良いですか?

▶ 勉強していたつもりがうたた寝。司書が肩を叩いて一言

You're not allowed to sleep in the library.

図書館で寝ちゃだめだよ。

▶ キッチンに入ってきた犬を叱る

You're not allowed in here!

ここに入っちゃだめでしょ!

▶ 駐車場でバスケットボールをしていた少年たちに

You're not allowed to play basketball.

バスケットボールをすることは許されていないのよ。

ジェイソン&エイミーの
もっと使えるフレーズ!!

In this apartment you are allowed to have pets.

このアパートはペット可です。

日本でも最近はペット可の建物が増えてきたみたい。でもスーパーマーケットやレストランで Pets not allowed というサインがある時は「ペットお断り」。ルールは守って気持ち良く利用しよう。
(ジェイソン)

76

I know exactly what you need.

あなたにぴったりのものを知っているわ。

寺院の敷地を散策する二人。美佳は疲れたような顔で
首や肩を回している。それを見たケイトは…

松本 茂 先生の ONE POINT LESSON

I know what you need. で「あなたが必要としているものを知っている」ということを意味します。exactly は「ぴったり」や「まさしく」と訳されることが多い言葉で、話し手が自分の考えに確信を持っていることを示しています。話す時は exactly にややアクセントを置いて言うと気持ちがさらに強調されます。今回のフレーズは、相手が疲れている、あるいは困っている時、その相手にとって良い物や情報を思いついたと伝える際の「前置き」になります。会話のスパイスになる表現です。

↪ 友達へのプレゼントについて

That's a perfect present for Rachel!

それはレイチェルにぴったりのプレゼントだ!

↪ クリスマスパーティーのメニューに悩む妹にアドバイス

I know the right dish.

ぴったりの料理を知っているわ。

↪ 思いがけずプレゼントをもらって大感激

It is exactly what I wanted.

まさに私が欲しかったものです。

ジェイソン&エイミーの もっと使えるフレーズ!!

That's exactly the color I was looking for!

まさにこの色を探してたの!

ショッピングをしていて、自分のイメージにぴったりのものが見つかるとうれしいですよね。靴や洋服、バッグなど、ほしい! と思った時に、なかなか見つからないことが多いので、思い描いたものと出会った時は本当にうれしいです。exactly は「まさにそのもの」というニュアンス。もし試着してサイズが自分にぴったりの場合なら、It's exactly my size! です。(エイミー)

77

Call her at this number.

彼女のこの番号に電話して。

美佳はフロントで姉からのファックスを受け取る。いつもの調子で、強引かつ気ままなメッセージ…

松本 茂 先生の ONE POINT LESSON

Call ... at this number. は、「～のこの番号に電話して」と指示する時の定番表現です。文頭に Please を付けると少し丁寧になります。どちらも、伝言メモにもよく使う表現です。電話番号だけを伝える場合は Call this number.（この番号に電話してね）と言えばよく、こちらは広告にもよく使われるフレーズです。at this number という表現は用途が広く、「この電話番号にかけてもらえれば、つながりますので」と伝えたい場合は You can reach me at this number. と言えばOKです。

↪ 大学に進学して、地元を離れる友人に

Call me every now and then, okay?

たまには私に電話するのよ、わかった?

↪ 夫の留守番電話に残すメッセージ

Call me back soon.

早めに折り返し電話をください。

↪ パーティーで面白い人と知り合った時には

Can you give me your number?

あなたの電話番号を教えてくれる?

↪ 間違い電話がかかってきた時の一言

You have the wrong number.

番号違いですよ。

ジェイソン&エイミーの
もっと使えるフレーズ!!

Could you call me when you get a minute?

時間があれば電話してもらえますか?

電話がほしい、でもそんなに急いでない時は「時間があれば」と付け加えておくと、親切だよね。when it's convenient for you(都合の良い時に)と言っても良いかもね。(ジェイソン)

78

Where shall we meet?

どこで待ち合わせますか？

姉からの言いつけを守り、アーニーに電話をする。
一緒にランチを食べることにした美佳とアーニーは…

松本 茂 先生の ONE POINT LESSON

Shall we ...? は「〜しましょうか？」といった感じで、軽く提案したり誘ったりする時に使う表現。食事が並んだ時は「いただきましょうか？」という意味で Shall we eat? あるいは Let's eat, shall we? と言えばOKです。Should we ...? だと「〜すべき」というニュアンスが強く、食事のような場面には不向きな表現となってしまいます。Shall we ...? の前にWhere/What/How といった疑問詞を使うと、What shall we do?（どうしましょうか？）のように表現の幅が広がります。

↪ 金曜日にオフィスを出る時に一言

See you on Monday.

月曜日に会おうね。

↪ 週末に誘われ食事に行くことになって

What time are we going to meet?

何時に待ち合わせするんですか?

↪ 娘を車で迎えに来た母親が校門の前で

We are meeting in front of school.

学校の前で待ち合わせしているんです。

↪ 9時開始の映画を観る約束をして

Let's meet at 8:50.

8時50分に待ち合わせしようよ。

ジェイソン&エイミーの もっと使えるフレーズ!!

Let's meet up first, and go together.

まず待ち合わせしてから、一緒に行こうよ。

meet up は友人や親しい間柄で使うややカジュアルな表現。待ち合わせをしてどこかへ行く時によく使います。meet up for a drink なら「一杯飲みに行こうよ!」という気軽なお誘いに。(エイミー)

79

I thought you were someone else.

人違いでした。

美佳は姉の知人のアーニーとの待ち合わせ場所で、
目印の白いドレスを着た女性に声をかけるが…

松本 茂 先生の ONE POINT LESSON

今回のフレーズは「人違いでした」という意味の定番表現です。someone else は別の誰かという意味です。このフレーズは you の後を換えることで表現の幅が広がります。例えば、I thought (that) you liked chocolate. は「(あなたは) チョコレートが好きなんだと思っていた」という意味になります。これは勘違いした場合だけでなく、チョコレートが好きだと確認できた場面でも使え、「思った通り、チョコレートが好きなんだね」というニュアンスも表現できます。

▶ 妹を友達に紹介して一言

She really looks like me, right?

彼女、ほんとに私にそっくりでしょ？

▶ 兄弟同士が同じ料理を注文して

I thought you two looked alike.

あなたたち二人はとても似ていると思ったわ。

▶ 間違えて別の予定を入れてしまった！

I thought you were coming next weekend.

あなたは来週末に来ると思ってたの。

▶ どこかで見た気がするんだけど…

Who does he look like?

彼は誰に似ているでしょうか？

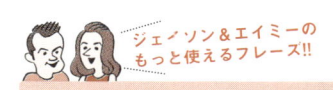

ジェイソン＆エイミーの もっと使えるフレーズ!!

I thought you were Tom Hanks.

トム・ハンクスかと思ったよ。

日本に来たばかりのころ、僕はよくこう言われていたんだよ（笑）。誰かに、Who do you think you look like?（キミは誰に似ていると思う？）と聞かれたら、あなたは何と答えますか？（ジェイソン）

80

What do you do?

どんな仕事をしているの?

無事会うことができた二人はレストランへ。
美佳はアーニーに姉との出会いについて尋ね、そして…

松本 茂 先生の ONE POINT LESSON

相手の職業を尋ねる時によく使うフレーズですが、これは現在形で質問しているところがポイントです。What are you doing? のように現在進行形を使うと「今、何をしているのですか?」という意味になり、まさに現在の行動を尋ねる質問になります。これが現在形だと「普段どのようなことをしているのですか?」という意味になり、職業を尋ねる文になります。他にも What line of work are you in?（どういった仕事に就いていらっしゃるのですか?）という定番のフレーズもあります。

↪ パーティーですてきな男性を見かけて周囲にリサーチ

What does he do?

彼の仕事は何?

↪ 相変わらず忙しそうな友達に声をかけて

How's work?

仕事はどう?

↪ オフィスのメンバー構成について説明しながら

Some do the work as a part-time job.

アルバイトでその仕事をしている人もいます。

↪ 久しぶりに会った友達に仕事のことを聞かれて

I retired last year.

去年退職したんだ。

ジェイソン&エイミーの もっと使えるフレーズ!!

What do you do for a living?

何をやって生活してるの?

do for a living で、仕事に限らず生活のベースが何かを表します。主婦だったり何かを勉強中だったりする人もいるので、What's your work?(仕事は何?)と聞くよりも気の利いた表現です。
(エイミー)

81

I was so excited that I couldn't sleep last night.

興奮しすぎて、ゆうべは眠れなかったの。

アーニーは象の保護センターでボランティアをしている。保護センターに行けることになった美佳は…

松本 茂 先生の ONE POINT LESSON

I was so excited.（とても興奮した）と I couldn't sleep last night.（ゆうべは眠れなかった）という二つの文に因果関係があるのでつなぎ、その際 that を接着剤として使ったと考えましょう。接着剤の that は透明になることがあり、会話ではよく省かれます。that 以下は肯定の形でももちろんOK。例えば、Jane is so beautiful that every man in our section wants to go out for a drink with her.（ジェーンはとてもきれいなので、うちの課の男性はみんな彼女と飲みに行きたがるの）といった感じです。

↪ 起きたら9時、始業時間なのに…

I overslept.

寝過ごしちゃった。

↪ 海外から出張で来た同僚にかける一言

Did you sleep enough?

十分眠れたの?

↪ 妻に頼まれた買い物を忘れてしまった…

I was so busy that I forgot.

とても忙しくて忘れちゃったんだ。

↪ 有名人に会った!

I was too excited to speak at first.

最初は興奮しすぎて話せませんでした。

ジェイソン&エイミーの
もっと使えるフレーズ!!

I was so nervous that I couldn't eat.

緊張しすぎて食事がのどを通らなかった。

ごはんをおいしそうに食べることにかけては、誰にも負けない自信があるよ! そんな僕でも、初めてのデートの時とかは、こうなっちゃったな。(ジェイソン)

82

I can't wait to meet the elephants.

象に会うのが待ちきれないんです。

保護センターに到着した二人。アーニーに紹介され、美佳は保護センターの職員に挨拶をして…

松本 茂 先生の ONE POINT LESSON

I can't wait. という表現は、物理的にも精神的にももう待てないという場合と、気分が高まって待ちきれないという場合に大別されます。今回は後者です。何が待ちきれないのかを加えるには to ... と続ければOK。メールなどで、I can't wait to see you again.（またお会いするのが待ちきれません）と書けば、再会を熱望するメッセージになります。また、I can't wait for the next bonus.（次のボーナスが待ちきれない）のように、「for＋名詞」という型にしても使うことができます。

📤 5年ぶりに里帰りすることになって

I can't wait to see my friends!

友達に会うの、待ちきれない!

📤 好きな作家の新刊が発売されると聞きつけ

I can't wait to read it.

読むのが待ち遠しいわ。

📤 一緒に日本で富士山に登ろうと話している友達と

I just can't wait to climb Mt. Fuji!

富士山に登るのが待ちきれないわ!

📤 夏期休暇にヨーロッパ旅行の計画を立てながら一言

I can't wait for summer vacation!

夏休みが待ちきれません!

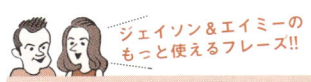

ジェイソン&エイミーの もっと使えるフレーズ!!

I can't wait to see my cousin's baby in Switzerland.

スイスに住むいとこの赤ちゃんに会うのがすごく楽しみです。

スイスに住んでいる親戚に赤ちゃんが生まれました。送ってくれた写真で見ただけでも天使のようにかわいい! 会いに行くのが今から楽しみです… I just can't wait!(エイミー)

If you don't trust her, she won't trust you, either.

**彼女を信頼しないと、
彼女にも信頼してもらえないのよ。**

美佳はメス象のパイ・リンの世話をすることに。
楽しみだったが、初めて近くで見る象に尻込みをして…

松本 茂 先生の ONE POINT LESSON

36で、if (もし) は日本語の文と比べると英語では文頭に使わないことが多い、と解説しました。しかし、「もし〜であれば」の内容を前提として強調するようなニュアンスがある場合は例外です。you don't trust her (彼女を信頼しない) ということがあれば、結果として she won't trust you, either (彼女もあなたを信頼しない) ということが生じる、ということです。また、If you don't eat it, I'll eat it. (君が食べないなら、僕が食べるよ) のように if が条件を説明する場合も同様です。

📤 パーティーの計画を友達にメールで送って一言

If you like my plan, give me a call tonight.

私の計画が気に入ったら、今晩電話して。

📤 「隣の部屋のパーティーがうるさくて勉強がはかどらない！」と嘆いている時の助言

If you can't beat them, join them.

あの人たちに勝てないなら、仲間に入っちゃいなよ。

📤 上司からのありがたい一言

If you get stuck, I'll give you some tips.

もし君が困ることがあったら、助言するよ。

ジェイソン＆エイミーのもっと使えるフレーズ!!

If you go to the park, you can see cherry blossoms.

公園に行けば桜が見られるよ。

ピンク色の桜は日本を代表する花。春になると日本ではわざわざ遠くまで行かなくても、街のあちこちで桜が見られるよね。散歩をしていたり、ショッピングをしていたりしても、桜の花を見ることができる。そして桜の木の下で、飲んだり、食べたり、花見を楽しみながら過ごす時間はとてもすてきだと思う。アメリカにも桜が見られる場所はあるけれど、僕は日本に来て初めて花見をしたんだ。
（ジェイソン）

84

I think I've learned a lot.

とても勉強になったわ。

象のパイ・リンに餌をやることができ、ほっとする美佳。
アーニーに保護センターで働いた感想を聞かれて…

松本 茂 先生の ONE POINT LESSON

感想を述べる時や、お世話になって感謝の意を表現する時に使えるのが、このフレーズです。It was a great experience. と言ったうえで I think I've learned a lot. を付け加えると、相手も「それは良かった」と思ってくれるでしょう。日本でも、お世話になって学びの機会を与えてもらったと感じた時に「大変勉強になりました」と言います。I learned a lot.（過去形）にしても問題ありませんが、I've learned a lot.（現在完了形）の方が、直前まで勉強していたという余韻が伝わります。

↱ 海外生活を始めて1カ月、感想を聞かれて

I learn something new every day.

毎日新しいことを学んでいます。

↱ 失敗をして落ち込む後輩に声をかけて

You can learn from your mistakes.

人は間違いから学ぶものよ。

↱ サムライ文化に興味のあるアメリカ人の友人が

I learned about Japanese history.

日本の歴史について学んだよ。

↱ 学年最後の期末試験を終えてほっとしながら一言

We studied many things this year.

1年間、たくさんのことを学んだわね。

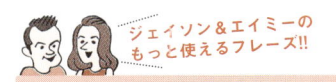

ジェイソン＆エイミーの もっと使えるフレーズ!!

I learned a lot about myself on this trip.

この旅で、自分自身のことがよくわかったよ。

a lot は「多くのこと」という意味。自分自身についてしるのは簡単じゃないけれど、旅は日常を離れ、自分を見つめ直す良い機会ですよね。trip につく前置詞は on 、というのもポイント。（エイミー）

COLUMN 5

ジェイソン&エイミーのちょっと「!?」な話

ジェイソンって、どこの人？

会津に住んでいたころ、僕は周りの人が話しているのを聞いて、日本語を勉強していました。会津の人たちが話しているのが"標準語"だとすっかり勘違いしていたからです。発音を注意深く聞いて、マネをしていた自分は、段々と日本語が上達していると思い込んでいました。

だから、上京した時のショックは大きかった！

東京で初めて受けたお芝居のオーディションで、渡されたセリフを読んだら、皆がいきなり笑うのです。「どこの人？」と演出家が聞くので「アメリカですけど…」と僕が答えると、「日本語がなまってるよ！」って…。

状況をよく飲み込めない僕が「そんなのさすけね〜」と言って、皆を安心させようと思ったら、もっと笑われちゃいました。

会津弁では「大丈夫だよ〜」とか「心配しないで〜」を「さすけね〜」と言うんです。これは、今でも僕の大好きな言葉です。

あれから、たくさんのオーディションを受けて、たまには受かるようになりました。でも、なぜか外国から来た役が多い…。なんでだろう…？

日本人の「大川先生」や「幸一郎さん」という役柄を演じたこともあり、アメリカ人やロシア人、そしてフランス人も演じたことがあります。その時はロシア人なまりの日本語でお芝居をしたり、フランス語っぽい日本語を話したりしました。お芝居はとても楽しい！

もし、またオーディションで「どこの人？」と聞かれたら、「会津出身」と言えば、「さすけね〜」よね!?

◆ ジェイソン

第6章
タイ編2

会話を続け、深められる
◆フレーズ85〜88 / P.192〜199

アーニーの案内でバンコク市内の観光へ。太極拳、ラジオ体操、バイヨーク・タワー、スカイツリー…行く先々で目にしたことを話題にしながら、二人の会話は深まっていきます。

現地の人と必要な情報を伝え合える
◆フレーズ89〜92 / P.200〜207

相変わらずアクティブで好奇心旺盛な美佳は、一人で街を歩いています。伝統の野菜のカービングに挑戦したり、屋台で食べたことのない現地の料理に挑戦したり、バンコクを堪能。

プライベートな問題について
解決の糸口を見つけられる
◆フレーズ93〜96 / P.208〜215

気分よくホテルに帰った美佳を待っていたのは帰国を促す上司からのメッセージ。さらにジョーからは香港に来てほしいと電話が…。困った美佳はアーニーにアドバイスを求めます。

旅立ちの準備ができる
◆フレーズ97〜100 / P.216〜223

頭で考えないで自分の直感を信じなさい、というアーニーの助言を受けて、いよいよ長期休暇に終止符を打つ時が来たようです。さあ、美佳はどこへ向かって旅立つのでしょうか。

85

I used to do this exercise every morning.

私、この運動を毎朝やっていたの。

公園で太極拳をする人たちの仲間に入れてもらった
美佳とアーニー。美佳は日本のラジオ体操を披露して…

松本 茂 先生の ONE POINT LESSON

現在とは違う過去の習慣や事実を表現する時に使うのが used to ... で、「以前には〜していたものです」という意味になります。to の後には動詞の原形が使われます。疑問形は Did you use to do this exercise every morning? となります。文頭に There を使い、There used to be a restaurant here.（ここには以前レストランがあったのです）といった昔話のような表現も可能です。

↪ 今は夏が好きなんですが

I used to like winter.

以前は冬が好きだった。

↪ 車を運転し始めてからはバスに乗らなくなったなぁ

After school, I used to ride the city bus home.

放課後、よく市バスに乗って家に帰っていました。

↪ タイではスキーができないけれど…

I used to go skiing with my cousins in Japan.

日本では、よくいとこたちとスキーに行っていたよ。

↪ 部活は何をやっていたの？ と聞かれて一言

I used to be in a band in high school, but not anymore.

高校ではバンドに入っていたけど今は入ってないよ。

ジェイソン＆エイミーの
もっと使えるフレーズ!!

I used to be in the drama club.

演劇部に入っていました。

僕は高校の時、演劇部に入ってたんだ。アメリカには演劇専攻の学部がある大学もたくさんあるのに、高校の演劇部って、ちょっと微妙な感じ（笑）。でも、その経験が今につながっているんだからやってて良かったよ！（ジェイソン）

86

Speaking of tall things, there's a very tall tower in Tokyo.

**高いものといえば、
東京にとっても高いタワーがあるのよ。**

アーニーの案内でバンコクを観光する美佳。
タイで一番高いバイヨークタワーを初めて見て…

松本 茂 先生の ONE POINT LESSON

知り合って間もない相手と会話を続けるのは、母語でも優しいことではないでしょう。そのためには話を広げるきっかけを作る表現を知っておくと便利です。Speaking of ... は「〜といえば」という意味で、今、話題となっていることから何か思いついた時に「そういえば」という感じで使います。同じ意味の表現に Speaking about .../Talking of .../Talking about ... などがあります。また、That reminds me, ...（それで思い出したけど〜）のように、同様の機能を持った表現もあります。

↪ ツキノワグマについて説明をしていて一言

Speaking of bears, do you want to go to the zoo?

クマっていえば、みんな動物園に行きたい?

↪ そろそろ取引先から連絡がくることを思い出して

Speaking of that, let me check my email.

それ(メッセージ)で思い出したんだけど、Eメールをチェックさせて。

↪ この界隈のおすすめランチはどこか同僚とおしゃべりしながら

Speaking of lunch, I'm hungry!

ランチといえば、僕はお腹がすいたな!

↪ 先週別れ際にした約束をすっかり忘れていて

Oh, that reminds me, I have to meet Koji at the calligraphy club.

ああ、それで思い出した。書道部で浩司に会うんだったわ。

ジェイソン&エイミーの もっと使えるフレーズ!!

Speaking of good wine, do you want to go to a winery with me?

良いワインといえば、一緒にワイナリー行かない?

Speaking of ... で、まず一般的な話題としてトピックを出してから、その流れで具体的な提案や誘いに持っていくのは上手なやり方。デートのお誘いも、これでうまくいくかも!? (エイミー)

87

They're all made from soybeans.

全部、大豆からできているの。

日本食レストランに入る二人。美佳は日本食初体験の
アーニーに、納豆と豆腐と味噌汁をすすめながら…

松本 茂 先生の ONE POINT LESSON

動詞のmakeを受け身で ... is/are made from ... のように使うと「〜は〜で作られている」という意味になり、原材料を説明できます。納豆や豆腐、味噌のように原材料（大豆）の質が変化している（と話し手が判断した）場合、あるいは変化したかどうかはっきりしていない場合は、made の後にfrom を使います。一方、This table is made of cypress.「このテーブルは檜でできているんだよ」のように、原材料の質が変化していない（と話し手が判断した）場合は of や out of を使います。

↪ このパンケーキは何でできているの?

They're made from flour, eggs and milk.

小麦粉、卵、牛乳でできているんだよ。

↪ 手触りの良いニットは…

What are they made from?

何でできているの?

↪ あー、軽くてステキなんだけど…

It is made of nylon.

ナイロン製だよ。

↪ 手に取った大皿を見て店員さんが説明

The plate is made of wood.

そのお皿は木でできているんですよ。

ジェイソン&エイミーの
もっと使えるフレーズ!!

My scarves are made of Thai silk.

僕のスカーフはタイシルクでできているんだ。

僕はスカーフが好きで集めているんだけど、番組内で首に巻いているものは、ほとんどタイで買ったんですよ〜。英語では、男性用も女性用もみんな scarf って言うんだよ。(ジェイソン)

88

I was getting tired of my job.

私、仕事が嫌になってきちゃっていたの。

食事をしながら身の上話をする美佳とアーニー。
バンコクに来た理由を聞かれた美佳は…

松本 茂 先生の ONE POINT LESSON

「疲れた」「疲れている」という意味の形容詞 tired の後ろに of ... が続くと、「〜が嫌になっている」「〜にうんざりしている」「〜に飽きた」という意味になります。今回は、「うんざりした状態になる」ということを表現するため get という言葉を使いました。また、まさしく「嫌になってきた時期だった」ということなので was getting という過去進行形で表現しています。同じような会話表現に be fed up with ... (うんざりさせられる)、get on one's nerves (神経にさわる) などがあります。

↪ 毎日ランチにハンバーガーが続いて

I'm tired of hamburgers.

私、ハンバーガー、飽きちゃった。

↪ 受験勉強に身が入らない息子について先生に相談

He seems tired of studying.

彼は勉強が嫌になっているようです。

↪ 彼氏の自慢話ばかりする友達に

I'm sick of hearing it!

いいかげん、聞き飽きたわ!

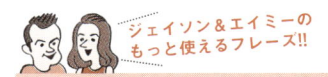

ジェイソン&エイミーのもっと使えるフレーズ!!

I'm tired of people complaining!

文句ばかり言ってる人たちにはもううんざり!

complain は「文句を言う」という意味。そう、文句ばかり言う人っていますよね。英語では complainer なんて呼ばれます。文句をずっと言い続けていてもきりがないし、聞いているだけで嫌な気分になる。だから最善策は、そういう人は気にしないということ。気にしなければ自然と耳に入らなくなるしね。文句を言う人に文句を言ってる (complaining about those who complain) なんて、ばかばかしいですものね!(エイミー)

89

I'm not very good with my hands.

私、あまり器用じゃないんです。

美佳は街でカービング（果物や野菜に彫刻を施すタイの伝統文化）の教室を見つけ、やってみようと思うが…

松本 茂 先生の ONE POINT LESSON

器用さを説明する表現に I'm good with my hands.（私は手先が器用です）という言い方があります。今回のフレーズには not very が挿入されているので「あまり器用ではない」ことを表しています。「器用に〜する」と言う時は John was using chopsticks skillfully.（ジョンは器用に箸を使っていた）のように、skillfully という言葉を使います。「不器用」の場合は thumb（親指）の複数形 thumbs や clumsy（不器用な）を使い、I'm all thumbs./I'm clumsy with my hands. のように言います。

↪ チーズグレーダーって使ったことある?

I'm very good with them.

僕はそれらを使うのが、とても得意なんだ。

↪ 200×200までのかけ算を暗算で披露してくれた同僚に

You're so good with numbers!

計算がとても得意なんだね!

↪ あれ? ヨーロッパ出張行かなかったの?

I didn't go because I'm not good with long flights.

飛行機での長旅が苦手なので、行かなかったんだ。

↪ あんまり料理しなさそうに見られるけど、実は

I'm good at cooking.

私は料理が上手なんですよ。

ジェイソン&エイミーのもっと使えるフレーズ!!

I'm not very good at remembering names.

人の名前を覚えるのが苦手なんだ。

初対面の人の名前を覚えるのは簡単じゃないよね。外国の人だったりすると特に難しいよね。実は僕も名前を覚えるのが苦手なんだー。(ジェイソン)

90

I'll be back in two minutes.

2分で戻りますね。

> カービング教室で小さなナイフを使ってトマトを彫り、花を作る美佳。先生は材料を取りに行こうとして…

松本 茂 先生の ONE POINT LESSON

I'll be back. は「戻ります」という意味です。「今から〜後」という言い方になっていることが重要で、現時点を基準にして「〜後に」と言いたい時は in two minutes（2分後に）/ in two days（2日後に）のように in を使います。会話表現では「以内に」の意味で in を用いることもあり、どちらの意味かが明確でないこともよくあります。また、動作の完了を表現する際は過去形の文でも I couldn't finish it in two days.（それを2日で終わらせることはできなかった）のように in を使います。

↪ 打ち合わせに出かける際に、アシスタントに

I'll be back in a few hours!

数時間で戻るから!

↪ 支度がなかなか終わらない姉に一言

We're leaving in ten minutes.

あと、10分で出発するからね。

↪ 駅から向かう途中、取り急ぎ電話をかけて

I'll be there in about 20 minutes.

20分くらいしたら着くから。

↪ 予定より早く帰ってきた夫に一言

I'll get your dinner ready in an hour.

1時間で夕食の支度ができるわ。

ジェノソン&エイミーの もっと使えるフレーズ!!

I'll be back in no time.

すぐに戻るよ。

in no time は「時間を空けずにすぐさま」という表現。ちょっとお手洗いへという時も、しばらく離ればなれになってしまう時の挨拶にも。心情として「すぐに」と思っている時に使えるフレーズ。(エイミー)

91

What time do they usually open?

この辺りの店は、
だいたい何時からやっているんですか?

日が暮れたバンコクの路地で出会った地元の女性と
屋台で食事をする美佳。おいしさにハマってしまい…

松本 茂 先生の ONE POINT LESSON

英語で open という動詞を使う場合、They open at 10:00 a.m. のように at を用います。日本語では「何時から」と言いますが、英語では from と言わないので要注意です。ただし形容詞の open を使う場合は、They are open from 10:00 a.m. のように from でもOKです。閉店時間を尋ねる時は What time do you/they close? と言います。開店と閉店の時間を尋ねるなら What time do you/they open and close? あるいは、What are your business hours? やWhen are you open? などで通じます。

↪ 動物園の前に並んで、係員さんに質問!

First, when do you open?

まず、何時に開園しますか?

↪ じゃ、閉まるのは何時ですか?

And when do you close?

では、何時に閉園しますか?

↪ 閉店時間が早いから気をつけて

We close at 4:30 p.m.

午後4時30分に閉店します。

↪ お店はまだ空いてるかな?

We are open from eight a.m. to six p.m.

午前8時から午後6時まで営業しています。

ジェイソン&エイミーの もっと使えるフレーズ!!

The cookie shop usually opens at 11:00.

そのクッキーショップはだいたい11時に開きます。

usually at 11:00っていうと、「基本的に11時」のこと。もしかすると、曜日によっては違う時間かもしれないから気を付けてね。(ジェイソン)

92

What should I get for dessert?

デザートには、何が良いかしら?

女性がすすめてくれたダックライスを平らげ、バンコクの屋台がすっかり気に入った美佳。食事のシメは…

松本 茂 先生の ONE POINT LESSON

dessert という言葉は Is this really a dessert?(これって本当にデザートなの?)のように、ある1つのデザートを示す場合と、What should I get for dessert? のように、デザート全般の意味で使う場合があります。全般を指す場合、desserts と複数形にはしません。「デザートのおすすめは何?」と聞くなら What do you recommend for dessert? でOK。「甘いものは別腹」などと言いますが、英語では There's (always) room for dessert. や I (always) have room for dessert. という表現になります。

↪ 友達にバーベキューに誘われて

What should I bring to the barbecue?

バーベキューには、私は何を持っていけば良い?

↪ 将来の進路について思いを巡らせながら

What should I do after graduation?

卒業したら、何をするべきなんだろう?

↪ 大学に入学し、新学期が近づいてきてわくわく

What should I wear on the first day of school?

学校の1日目には、何を着たら良い?

↪ 頼まれていた仕事が終わって

What should I do next?

次は何をしたら良いの?

ジェイソン&エイミーのもっと使えるフレーズ!!

What should I get for her birthday?

彼女の誕生日プレゼント、何が良いかな?

should を使っていますが、「何を選ぶべきか」と深刻に悩んでいるわけではなく「どうしたら良いかな」とアドバイスを求める時の表現。洋服や靴など、ファッションアイテムを買う時って、特に迷ってしまいます。友達や店員に相談したい時に使いましょう。家族などのプレゼントを購入する時にもおすすめ。自分だけでは決められない、誰かに相談したい! という場面は買い物をしていると結構あるもの。彼女の友達に相談すれば、きっと良いアイデアをもらえるはず!（エイミー）

93

He wants me to join his new project team.

彼は私に、新しいプロジェクトチームに加わってほしいの。

> ホテルにジョーと日本の上司の両方からメッセージが。
> 悩んだ美佳は、カフェにアーニーを呼んで…

松本 茂 先生の ONE POINT LESSON

「AがBに〜をしてもらいたがっている」ということを表すのが A want(s) B to ... というパターンです。今回のフレーズは美佳が上司の要望をアーニーに伝えている場面ですが、ジョーからの頼みを伝える場面ではもう1つの同じパターンのフレーズ、A ask(s) B to ... が使われています。He asked me to come to Hong Kong this Sunday. (彼に、今度の日曜日に香港へ来てくれって頼まれたの) want と ask を使った文のパターンを使いこなせると、表現の幅が広がりますね。

📤 父親は息子に医者になってもらいたい、でも母親は…

I want him to become a lawyer!

私はあの子に弁護士になってもらいたいの!

📤 明日は出先でプレゼンテーション。同僚に聞く一言

Do you want me to bring anything?

私に何か持ってきてほしい?

📤 サプライズパーティーに主賓を連れていく

Can I ask you to close your eyes and take my hand?

目をつぶって私の手につかまってくれない?

📤 チョコレート売り場でうろうろしているところを見つかっちゃった

I didn't want him to know until Valentine's Day.

バレンタインデーまでは彼に知られたくなかったのよ。

ジェイソン&エイミーのもっと使えるフレーズ!!

I want him to succeed.

彼には成功してほしいんだ。

succeed の後ろに in を付ければ、ほぼなんでもあり。succeed in business（仕事で成功する）のように名詞でも良いし、succeed in living abroad（外国で暮らすことに成功する）のように動名詞でもいけるよ。(ジェイソン)

94

What do you think I should do?

どうしたら良いと思う?

今度の日曜に香港で家族に会ってくれというジョーと
東京に戻れという上司、その間でただ混乱する美佳…

松本 茂 先生の ONE POINT LESSON

What should I do? は途方に暮れた時につぶやく独り言としてよく使います。do you think を挿入して、should と I の順番を逆にすることで、相手に助言を求める表現になります。助言を求める表現としては他に I really need your advice.（本当にあなたのアドバイスがほしいの）がありますが、こちらは、かなり切羽詰まっている感じがします。そこまで差し迫っていない場合は、Do you have any advice? などと言えばOKです。adviceは不可算名詞なので、advices とはなりません。

↪ 開発中の新商品サンプルをメンバーに見せて

What do you think of this?

これをどう思うかね?

↪ 講師なのに学生に間違われて

Who do you think you are talking to?

誰に言っていると思っているの?

↪ ひどく緊張している新入社員にアドバイス

If I were you, I would take a few deep breaths.

私が君だったら2、3回深呼吸するよ。

ジェイソン&エイミーの
もっと使えるフレーズ!!

I'm completely lost.

どうしたら良いか全然わからないの。

lostは実際に「道に迷った」という意味でも使われますが、ここでは、あれこれ悩んでどう考えを進めて良いのかわからなくなってしまった時の心境を表しています。思わずそう言いたくなる時ってどうしようもなく不安になっていたりしますよね。completely（完全に）をつけることで、さらに途方に暮れている感じが伝わります。もし、あなたの周りに途方に暮れて落ち込んでいる人がいたら話を聞いてあげましょう。(エイミー)

95

You were the right person to speak to!

あなたに相談して正解だったわ!

頭で考えるのをやめ、直感を信じることを教えるため
アーニーは美佳にムエタイの試合を観せるのだが…

松本 茂 先生の ONE POINT LESSON

このフレーズの right person は「ふさわしい人」という意味です。「You were the right person（あなたは適任者だった）＋ to ...（〜をするのに）」というパターンで使います。日本語に「適材適所」という表現がありますが、これは the right person in the right place となります。「最もふさわしい人」は the best person、逆に「ふさわしくない人」を表したい場合は、right の反意語である wrong を使い、the wrong person と言います。そして「最悪の人」は the worst person となります。

↪ ホームステイが終わり、帰国する時に一言

You were the best host mom and dad.

あなた方は最高のホストマザーとホストファーザーでした。

↪ 誰かに助けを求めたら良いかな…

Grandma is the best person to help you.

おばあちゃんは、君を手伝うのに一番良い人だよ。

↪ 同じことをやるのでもタイミングによっては

This isn't the right time.

今はまずいでしょ。

↪ バレエを習いたいと思ってスタジオに行き、先生に言われた一言

Well, you have come to the right place.

それなら、ぴったりの場所に来たね。

ジェイソン&エイミーのもっと使えるフレーズ!!

This was the right time to come.

まさにぴったりのタイミングで来たね。

モノ、人、場所など、まさにそれが「ぴったり」という時に使う表現なので、the がついています。ショッピングをしていて試着をした時は、the right size（ピッタリのサイズ）、問題点に対して質問を投げかけられた時は、the right question（適切な質問）、するべきことをした場合などは、the right thing（正しいこと）…いろいろな場面で使ってみてね。（ジェイソン）

96

Now I know what I want to do.

私、自分のやりたいことがわかったわ。

美佳の直感は、香港のジョーでも日本の上司でもなく、
ムエタイ入門の道を選んで、アーニーを驚かせ…

松本 茂 先生の ONE POINT LESSON

文頭の Now には「今となって」「ようやく」といったニュアンスがあります。know は「知っている」以外に「わかった」ということを表す際にも使われ、特に Now I know ... は「今まではわからなかったけれど」ということが間接的に表現されるので、「わかった」という意味合いのフレーズとして用いられます。今回の I know what ... は「何が〜かを知っている（わかっている）」という意味です。what の後に to ... と続く場合もあります。what の代わりに where や how なども使えます。

📤 ボランティア活動の募集を見て

I know what we can do!

私たちに何ができるかわかったわ!

📤 オリエンテーションの場所を確認しつつ

I know where to go.

私は、どこへ行ったら良いかわかっているわ。

📤 悩んでいる後輩の話を聞きながら

I know what you mean.

言いたいことはわかるよ。

📤 操作の仕方がわからず、隣の同僚に助けを求めて

Do you know what to do next?

次にどうしたら良いかわかりますか?

ジェイソン&エイミーの
もっと使えるフレーズ!!

I know how to fix it.

どうやって直すかわかりますよ。

how to ... は「〜のやり方」。I know how to ... で「〜のやり方を知っています」という表現に。直し方がわからなかったら、Do you know how to fix it?「どうやって直すの?」と聞けばOK。(エイミー)

97

Can I leave my luggage here?

ここで手荷物を預かってもらえますか?

ある決心をした美佳はホテルをチェックアウトする。
空港に行くまで時間があるのでお土産を買うことにし…

松本 茂 先生の ONE POINT LESSON

Can I ...? は許可を求める機能を持った言い回しです。ちょっとした頼み事でも使えるので覚えておくと便利です。leave は「〜を置いていく」という意味以外にも、I'll leave Thailand tomorrow. (明日タイを去ります) のように「〜を離れる」という意味でも使います。luggage は「手荷物」のことですが、たとえ手荷物が複数あったとしても luggages とは言わず、luggage のままです。複数あることを明確に表現したい場合は、two pieces of luggage (2つの手荷物) のように言います。

↪ 空港に預ける前に整理しよう

Let's put our hand luggage down here.

手荷物をここに置こう。

↪ 良い家具だったけど、家具付きで借りてたアパートだからね

Will you leave all this furniture here?

この家具は全部、ここに置いておくんですか?

↪ 大家さんに伝言をお願いしたいのです

May I leave a message?

伝言をお願いできますか?

↪ 隣の家の小学生と遭遇

Are you leaving for school?

学校に行くところなの?

ジェイソン&エイミーの もっと使えるフレーズ!!

Did you leave your wallet and phone in the car?

財布と携帯を車に忘れてきたの?

leave は「残す」「離す」の他に、for ... と組み合わせると「〜に向かう」という言い方にもなる。例えば They left for Hokkaido this morning.(彼らは今朝、北海道に向かって出発したよ)とかね。(ジェイソン)

98

Do you have this in a different color?

これの色違いはありますか?

ネクタイをお土産にしようと決めた美佳。店員を呼び、今年よく売れているものをピックアップしてもらい…

松本 茂 先生の ONE POINT LESSON

「Do you have this（これありますか）＋ in a different color?（違う色の?）」という文の構造と単語を見ると、驚くほど簡単です。inは、「～という状態にある」という意味を理解すると使いやすくなります。in a different color のように、色について使うこともでき、in green（緑の）のように具体的な色を示すことも可能です。This comes in different shapes.（いろいろな形のものがあります）や、in different sizes（違うサイズの）のように、形やサイズについても使えます。

📤 色の違うトレイに整理された書類の説明をしながら

They're in seven different colors.

7つの違う色になっているんです。

📤 お店で色違いの商品の在庫を尋ねて

Do you have these wash towels in green?

このタオルで緑色のはありますか?

📤 花屋の店先に置かれた色とりどりの花に目を留めて

It's really cute and comes in lots of different colors.

とてもかわいいし、たくさんの色があるわよ。

📤 お客さんに試着している服のカラーバリエーションを説明

This coat comes in three colors.

このコートの色は3色あります。

ジェイソン&エイミーの もっと使えるフレーズ!!

Can you print this picture in black and white?

この写真、白黒で印刷できますか?

「白黒」は black and white。日本語とは白と黒の順番が逆になっていますね。反対に、「カラーでできますか?」と聞きたい時には in color ? となります。(エイミー)

99

How did you like Thailand?

タイはいかがでしたか?

タクシーに乗って国際空港に向かう。
とても幸せそうな顔の美佳に運転手が微笑みながら…

松本 茂 先生の ONE POINT LESSON

感想や印象を求める時の定番表現が How do you like ...? です。文頭には How を使います。今回は、すでにタイでの旅が終わろうとしているので How did you like ...? と過去の文になっています。尋ねる内容が滞在した印象に絞られている時は、How was your stay in ...? というパターンも使うことができます。「バンコクはいかがでしたか?」と滞在の感想を求めるのなら How did you like Bangkok? あるいは、How was your stay in Bangkok? となります。積極的に使ってみましょう。

↪ スムージーを一口飲んで友達に聞かれた一言

How do you like your papaya smoothie?

あなたのパパイヤスムージーはどう?

↪ たくさんプレゼントもらったでしょ

How did you like the valentines from the girls?

女の子たちからのバレンタインの贈り物は、どうだった?

↪ ロンドンに留学中の友人を訪ねて

How do you like living in London?

ロンドンに住むのは気に入った?

↪ オードリー・ヘップバーンのファンだという同僚に

How did you like Roman Holiday?

『ローマの休日』についてどう思った?

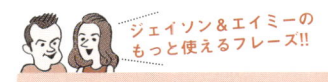

ジェイソン&エイミーの もっと使えるフレーズ!!

How did you like Season 1?

シーズン1はどうだった?

みんなにはこんな風に答えてもらいたいな。It was much more fun than I thought. We will keep watching the show, so wave at us too!!（思っていたよりずっと楽しかったよ。これからも番組見るから手を振ってね!!）って！（ジェイソン）

100

Let's keep in touch.

これからも連絡を取り合おうね。

空港内を一人歩いてゆく美佳に、見送りに駆けつけたアーニーがお守りを渡す。残されたわずかな時間で…

松本 茂 先生の ONE POINT LESSON

しばらく会えなくなる相手に送るメールなどでも使える表現です。Let's の代わりに We'll も使えます。動詞の keep を使うと「これからずっと連絡を取り合う」というニュアンスになり、別れを惜しむ気持ちが、より伝わります。keep ではなく be や stay も使えます。「こちらから連絡する」と伝える表現には I'll be in touch.（連絡します）、I'll keep in touch.（これからも連絡するね）、I'll email you.（メールするね）、Let me contact you again.（また連絡させてください）などがあります。

↪ 転職して職場を離れることになり

I'll keep in touch with you and Kenta.

あなたと健太とは連絡を絶やさないようにします。

↪ パーティーで知り合った人と別れ際の挨拶を交わして

We'll be in touch.

いずれご連絡します。

↪ 旅先で意気投合した外国人の友達に

How will we stay in touch?

私たち、どうやって連絡し合えば良いのかしら?

↪ インタビューを受け終わり、面接官から一言

Let me contact you again in the near future.

また、近いうちに連絡させてください。

ジェイソン&エイミーの
もっと使えるフレーズ!!

Let's stay connected, okay?

ね、ずっと連絡取り合おうね!

別れ際に、これからも関係を続けようね、と言う時の表現。 Stay in touch. などとも言いますね。100フレーズ、いかがでしたか? Season 2でまたお会いするのを、楽しみにしてますね。Let's stay connected!(エイミー)

NHK おとなの基礎英語

Season 1
使う場面が絵でわかる!
英会話100フレーズ

2014年8月1日　初版第1刷発行

監修	松本茂
発行者	中川信行
発行所	株式会社マイナビ
	〒100-0003
	東京都千代田区一ツ橋1-1-1パレスサイドビル
	電話　048-485-2383【注文専用ダイヤル】
	03-6267-4477【販売部】
	03-6267-4403【編集部】
	URL　http://book.mynavi.jp

企画・制作	創穂舎
編集・構成	浅原裕久
執筆協力	木屋理恵・若井千夏
イラスト	内巻敦子
装丁・デザイン	細山田デザイン事務所
協力	株式会社NHKエデュケーショナル
英文協力	町田なお子
ミニドラマ執筆協力	戸田ダリオ
印刷・製本	シナノ印刷株式会社

※定価はカバーに記載してあります。
※乱丁・落丁本についてのお問い合わせは、
　TEL：048-485-2383【注文専用ダイヤル】、
　または電子メール：sas@mynavi.jpまでお願いします。
※本書について質問等がございましたら（株）マイナビ出版事業本部編集第2部まで返信切手・返信用封筒を同封のうえ、封書にてお送りください。お電話での質問は受けつけておりません。
※本書は著作権法上の保護を受けています。本書の一部あるいは全部について、発行者の許諾を得ずに無断で複写、複製（コピー）することは著作権法上の例外を除いて禁じられています。

©2014 NHK
©2014 Mynavi Corporation

Printed in Japan

ISBN978-4-8399-5189-4　C0082